DRAMATIKERBIBLIOTHEK

Vielschichtig und abwechslungsreich, politisch brisant und umwerfend komisch sind die Theaterarbeiten Urs Widmers. Als Grenzgänger zwischen Ernst und Unterhaltung, zwischen Hochsprache und Dialekt hat er die Komödienkunst Labiches ebenso aufgenommen wie er in der Tradition Becketts steht. Aber auch ein außergewöhnliches Gespür für politische und gesellschaftliche Brisanz kennzeichnet Widmers Dramatik. Entstanden sind dreizehn Stücke, die in diesem Buch erstmals detailliert vorgestellt und mit ausführlichen Kommentaren versehen werden. Der Autor selbst und eigens für diesen Band verfasste Essays vertiefen handwerkliche, thematische und biografische Bezüge des Werks.

»Dieser Autor steht mit seiner clownesk traurigen und doch vital festlichen Schriftstellerei innerhalb der deutschsprachigen Literatur ziemlich allein da.« *Neue Zürcher Zeitung*

»Ein großer Poet.« *Frankfurter Allgemeine Zeitung*

Das Theater von Urs Widmer

Herausgegeben von
Peter Schweiger und Katrin Eckert

Verlag der Autoren

Dieses Buch wurde gefördert von:
Pro Helvetia, Schweizer Kulturstiftung
Stadt Zürich, Präsidialdepartement, Abteilung Kultur

Bibliografische Information Der Deutschen Bibliothek
Die Deutsche Bibliothek verzeichnet diese Publikation in der Deutschen
Nationalbibliografie; detaillierte bibliografische Daten sind im Internet über
http://dnb.ddb.de abrufbar.

©Verlag der Autoren, Frankfurt am Main 2008
Alle Rechte vorbehalten. Der Abdruck der einzelnen Beiträge erfolgt mit
freundlicher Genehmigung der Autoren.
Trotz intensiver Recherche war es uns leider nicht möglich, die Rechteinhaber
des Fotos von Peter Stöckli ausfindig zu machen. Wir bitten etwaige Rechts-
nachfolger, sich beim Verlag der Autoren zu melden.

Satz: MainTypo, Frankfurt am Main
Umschlag: Bayerl & Ost, Frankfurt am Main
Umschlagfoto: Kurt Wyss, Basel
Druck: betz-druck GmbH, Darmstadt

ISBN 978-3-88661-310-6
Printed in Germany

Inhalt

Vorwort ... 7

Nach Nepal! Widmers Wege ins Theater.
Eine Einführung von Karlheinz Braun ... 9

Die Mauer ... 23

Die Stücke

DIE LANGE NACHT DER DETEKTIVE ... 27
NEPAL ... 31
STAN UND OLLIE IN DEUTSCHLAND ... 37
ZÜST ODER DIE AUFSCHNEIDER ... 43
DER NEUE NOAH ... 49
ALLES KLAR ... 53
DER SPRUNG IN DER SCHÜSSEL ... 59
FRÖLICHER – EIN FEST ... 65
JEANMAIRE. EIN STÜCK SCHWEIZ ... 71
SOMMERNACHTSWUT ... 77
TOP DOGS ... 83
DIE SCHWARZE SPINNE ... 89
BANKGEHEIMNISSE ... 95

Die Gurke ... 101

»Ich schreibe für's Leben gern Weltuntergänge.«
Urs Widmer im Gespräch mit Peter Schweiger ... 103

Hm ... 131

Facetten des Werks

Burleske Weisheit
Über STAN UND OLLIE IN DEUTSCHLAND
Von Beatrice von Matt　　　　　　　　　　　　　　　　135

Ein wahres Lustspiel
Zum Stück ALLES KLAR
Von Lukas Holliger　　　　　　　　　　　　　　　　　141

Die Groteske als Erkenntnismittel
Die zeitgeschichtlichen
Stücke FRÖLICHER– EIN FEST und
JEANMAIRE. EIN STÜCK SCHWEIZ.
Von Urs Bugmann　　　　　　　　　　　　　　　　　145

Spielen bis zum Umfallen
TOP DOGS – ein Dramen-Bestseller
Von Christine Richard　　　　　　　　　　　　　　　153

Walter und Wilhelm Tell　　　　　　　　　　　　　　159

Chronologie. Leben und Werk　　　　　　　　　　　163

Biografien der Beiträgerinnen und Beiträger　　　　　175

Vorwort

Das vorliegende Buch versammelt Texte zum äußerst produktiven Schaffen von Urs Widmer als Theaterautor und soll, wenn immer möglich, auch etwas Praktisches abwerfen für jene, die sich lesend oder zuschauend, inszenierend oder spielend mit seinem dramatischen Werk befassen.

Der Kern des Buches ist eine weit ausholende Reflexion in Gesprächsform zur Arbeit des Künstlers, die ebenso biografische, handwerkliche wie ästhetische Fragen umfasst und das Anekdotische nicht verschmäht.
Der Weggefährte im Verlag der Autoren, Karlheinz Braun, gibt nicht nur einen großzügigen Überblick über Widmers Theaterarbeiten, sondern beleuchtet auch die bewegten Frankfurter Jahre und Widmers Anfänge als Autor. Vier Beiträge widmen sich exemplarisch zentralen Themen, die sich als Konstanten mit Variationen durch Widmers Arbeit als Theaterautor ziehen: die Komik (Beatrice von Matt anhand des Stücks STAN UND OLLIE IN DEUTSCHLAND), die Sprache als Triebkraft (Lukas Holliger anhand des Stücks ALLES KLAR), die Auseinandersetzung mit historischen und gesellschaftlich brisanten Stoffen (Urs Bugmann anhand von FRÖLICHER und JEANMAIRE) und schließlich die Verwandlung von neoliberaler Aktualität in eine ›schwarze Komödie‹ (Christine Richard anhand von TOP DOGS). Mithilfe dieser vertiefenden und kompetenten Überlegungen ist es möglich, auf die Kontinuität und die inneren Zusammenhänge seiner nur scheinbar so weit auseinander liegenden dramatischen Arbeiten zu verweisen.
Darüber hinaus versuchen wir, jedes seiner Stücke auf eine Weise darzustellen, die dazu anregt, sich neu oder wieder damit zu beschäftigen: So finden sich neben Hinweisen zum Inhalt und zu den Uraufführungen auch erhellende Bemerkungen des Autors zum

jeweiligen Stück. Ergänzt wird die Übersicht durch Pressereaktionen, kurze Textbeispiele und Aufführungsfotos.
Zwischen die Kapitel sind, gewissermaßen zum heiteren Entspannen, einige Kostproben aus unveröffentlichten Sketchen gestreut. Und dank des Entgegenkommens des Schweizer Fernsehens und der großzügigen Unterstützung des Vaudeville Theaters kann der Kosmos der Themen und Figuren im dramatischen Schaffen von Urs Widmer auch szenisch an FRÖLICHER – EIN FEST auf der beigegebenen DVD vorgeführt werden.

Peter Schweiger und Katrin Eckert

Nach Nepal! Widmers Wege ins Theater
Von Karlheinz Braun

Als er damals, Anfang 1967, in seinem R 4 auf der Autobahn von Basel nach Frankfurt fuhr, da ahnte der Neunundzwanzigjährige noch nicht, dass er erst 17 Jahre später in seine Schweizer Heimat zurückkehren würde. Er kam gerade von seiner ersten Lektoratsanstellung beim Walter Verlag in Olten (Schweiz), die er gekündigt hatte, weil der im Verlag für Literatur zuständige Otto F. Walter wegen mangelnder Verkäuflichkeit des Programms entlassen worden war. Er hatte aber sogleich ein Angebot des Suhrkamp Verlages als Lektor für deutschsprachige Literatur, und damit begann Urs Widmers Frankfurter Zeit, die er zwar nur kurz bei Suhrkamp, aber viele Jahre als freier Schriftsteller zubringen sollte. Hier entstanden 10 Prosabücher, 17 Hörspiele und 6 Theaterstücke. In Frankfurt entstand der Grundstock seines Werkes.

Zunächst geriet er aber auch in die politischen Auseinandersetzungen dieser Jahre, denn in Frankfurt, besonders im großbürgerlichen Westend, wo Suhrkamp seinen Sitz hatte, waren die Demonstrationen gegen den Vietnam-Krieg, gegen die Notstandsgesetze oder gegen die Häuser-Spekulation hautnah zu erleben. Für den eher unpolitischen Schweizer Jungmann muss dies eine sowohl irritierende wie überwältigende Erfahrung gewesen sein. Er selbst beschreibt sich später als »einen überalterten Konfirmanden mit Haaren wie ein Kadett aus West Point und dem sonnigen Lächeln dessen, der Bescheid weiß.« So kam er in einen Verlag, der mit vielen seiner Autoren und deren Bücher wie kein anderer die geistigen Grundlagen der Studentenrevolte legte (Adorno, Marcuse, Benjamin, Mitscherlich, Habermas, – nicht zu vergessen die regenbogenfarbene edition suhrkamp). Hier hatte er nicht nur mit dem Verleger Siegfried Unseld zu tun, der die Erfolge der »linken« Lite-

ratur ebenso überzeugt und erfreut vertrat wie er ihre Folgen später bekämpfte, er traf auch auf die Lektoratskollegen, die diese Bücher betreuten: an erster Stelle den Cheflektor Walter Boehlich, dann den Anglisten Klaus Reichert und den Slawisten Peter Urban, er traf auf Karl Markus Michel, zuständig für die Geisteswissenschaften, und auf Günter Busch, den Herausgeber der edition suhrkamp. Im Hause Suhrkamp erschien nicht zufällig auch Enzensbergers einflussreiches *Kursbuch*. Und der Autor dieser Zeilen leitete den Theaterverlag, der mit Bertolt Brecht den Wegweiser aller Stückeschreiber in den Sechziger- und Siebzigerjahren vertrat. Das Suhrkamp-Kollegium hatte auf den jungen Schweizer einen nicht unbeträchtlichen Einfluss. Wie überhaupt alles – die Frankfurter Intellektuellenszene, der Verlag, die tage- und nächtelangen Diskussionen, das Flippern, die Haschatmosphäre, die langen Haare und die engen Jeans, die Rolling Stones, die lustvollen Demos mit bis dahin unerhörten Parolen, die stürmische Buchmesse und die Theater-Experimenta – auf den Neuankömmling eine stimulierende, ja durchaus befreiende Wirkung hatte. Befreiend im Sinn eines Ausbruchs aus dem Kanon des schweizerischen Denkens und Fühlens, eines Lebens, das seine bisher eher unbewussten Grenzen zu sprengen versuchte. So muss man sich den Widmer dieser Jahre vorstellen: meist in bester Laune und mit einem unbekümmerten Lachen – und dem Optimismus, dass es doch irgendwie möglich sein müsse, die Verhältnisse zu ändern. Gegen seinen Ruf als »lustiger Purzel« sollte er sich später wehren, ganz unnötig, denn die dunklen Schatten des Lebens, seine Abgründe, waren immer in seinen Texten zu finden.
Auf das Jahr 1967 folgte bekanntlich das Jahr 1968. Im April war das Attentat auf Rudi Dutschke, im Mai wird die Johann Wolfgang Goethe-Universität in Karl Marx-Universität umbenannt und mit den Kämpfen um die Notstandsgesetze und deren Verabschiedung beginnt der Zerfall der APO, deren drei Buchstaben sich nicht viel

später in RAF wandeln sollten. Die AußerParlamentarischeOpposition war vor allem eine Protestbewegung der Studenten und Intellektuellen, und so verwundert es nicht, dass hier ein Begriff auftaucht, der nach der Parole »Die Phantasie an die Macht!« vor allem bei den Kulturinstitutionen, der Presse, bei Verlagen und Theatern virulent werden sollte: Mitbestimmung. Als die Lektoren bei Suhrkamp ein Verlagsstatut forderten, nach dem bestimmte Programmentscheidungen geregelt würden, gefiel dies dem Verleger gar nicht mehr. Es ist hier nicht der Platz, auf den »Lektorenaufstand« bei Suhrkamp näher einzugehen: allein das Ergebnis interessiert, dass nämlich der größte Teil der Lektoren freiwillig oder auch unfreiwillig den Verlag verließ. Urs Widmer kündigte von sich aus und stand nun auf der Straße. Was tun?
Die Vorgeschichte des Schriftstellers Urs Widmer ist deshalb berichtenswert, weil sie das Sprungbrett ist, von dem aus er sich ins Leben eines »freien Schriftstellers« stürzte. Zwar kam er aus einem literarischen Elternhaus, war sein Vater der renommierte Autor und Übersetzer Walter Widmer, zwar wollte er schon immer Schriftsteller werden, aber bisher hatte ihn seine Lektoratstätigkeit eher vom eigenen Schreiben abgehalten. So hat der Deutsche Herbst den Schweizer Lektor ins eigene Schreiben befördert, zuerst in die Prosa, in der er beruflich bereits zuhause war. Das erste Ergebnis war die kleine Erzählung *Alois*.
Ans Theater dachte er damals wohl kaum. Aber die ehemaligen Lektoren von Suhrkamp beherzigten die Mahnung ihres ehemaligen Verlegers, der ihnen nämlich deutlich gemacht hatte, dass über einen Verlag nur der bestimmen könne, der ihn auch besitze. Was lag näher, als seinem Rat zu folgen und einen solchen Verlag zu gründen? Da dafür aber nicht genügend Startkapital vorhanden, unter den ausgeschiedenen Lektoren aber auch ich vom Theaterverlag war, gründeten wir, die Lektoren und eine Reihe von (meist Suhrkamp-)Autoren, am 1. April 1969 einen mit geringerem Start-

kapital auskommenden Theater- und Medienverlag, den Verlag der Autoren. Der sollte dann auch nicht nur, wie zuerst geplant, den Verlagsmitarbeitern gehören, sondern gleich auch den eigentlichen Produzenten, den Autoren. »Der Verlag der Autoren gehört den Autoren des Verlages« – so seine Maxime seit fast 40 Jahren.
Die Gruppe der Suhrkamp-Lektoren und -Autoren bildete den Kern des neuen Verlages, die eine Verlagsverfassung entwickelte und den Start praktisch realisierte. Und Urs Widmer mittendrin. Das Hauptproblem des Anfangs: Der neue Verlag wurde zwar getragen von einer großen Sympathiewelle des Kulturbetriebs, vertrat auch eine Reihe von zum Teil bereits prominenten Autoren, – aber es fehlte ihm die »Ware«, die er hätte verkaufen können. Kein Autor hatte so schnell ein Theaterstück oder ein Hörspiel bereit, das sich vermarkten ließe. Was tun? Ein Blick auf die Spielpläne zeigte, dass ausgerechnet in diesen politisch turbulenten Jahren ein französischer Autor der leichten Muse Konjunktur hatte: Georges Feydeau. Und der hatte einen Kollegen, Eugène Labiche, der höchst erfolgreich einige hundert Stücke für den Boulevard geschrieben hatte. Die neuen Verlags-Genossen lasen davon einige Dutzend und entdeckten die Komödie LE PLUS HEUREUX DES TROIS, die Urs Widmer gekonnt und in Windeseile übersetzte. Da an Werner Düggelins Basler Theater die geplante Eröffnungspremiere der kommenden Spielzeit platzte, brachten die Basler als Ersatz schon am 26. September DAS GLÜCK ZU DRITT zur deutschsprachigen Erstaufführung. Das war Urs Widmers Theaterdebut; – und es war die erste Premiere des Verlags der Autoren. In einer politisch aufgeheizten Stimmung brachte ausgerechnet ein französisches Boulevardstück die ersten Tantiemen, mit denen der Verlag die schwierigen Monate des Anfangs überleben konnte.

Widmers Einstieg ins Theater, der natürlich auch Widmers Naturell und seinem Interesse entsprach, das nicht strikt zwischen U und

E unterschied, wurde sicherlich auch befördert durch seine Arbeit als Sekretär der Deutschen Akademie der Darstellenden Künste in Frankfurt, von 1969 bis 1970. Die Akademie war Ausrichter des damals einflussreichsten Festivals neuer Theaterformen, der von Peter Iden und mir geleiteten *experimenta*, die Widmer nicht nur drei Mal (1967-69-71) interessiert verfolgte, sondern an der er auch aktiv mitwirkte. So auch in der Redaktion der Festival-Zeitung EMA bei der *experimeta 4*, in der sein Debut-Drama erschien, für das er ganz ungeniert das *Schweizerlied* von Goethe zu einem Minidrama transformierte. Indem der Frankfurter Großdichter in den Schweizer Bergen ganz Widmers Ton, seinen Witz und seine Ironie trifft, sollte es erlaubt sein, gar von einer Wahlverwandtschaft zu sprechen. Und da Widmers Minidrama kaum bekannt ist, sei es hier vollständig wiedergegeben.

Das Schweizerlied von Goethe

Personen: GOETHE, HANSEL
Alpenwiese. Rechts ein Garten. Vögel, Bienen, Sommervögel. Im Hintergrund Gebirge.
Goethe tritt auf.

GOETHE *auf das Gebirge weisend* Ufm Bergli bin i gesässe, ha de Vögle zugeschaut, hänt gesunge, hänt gesprunge, hänt s Nestli gebaut. *Auf den Garten weisend.* In ä Garte bin i gestande, ha de Imbli zugeschaut; hänt gebrummet, hänt gesummet, hänt Zelli gebaut. *Auf die Alpenwiese weisend.* Uf d Wiese bin i gange, lugt i Summervögle a, hänt gesoge, hänt gefloge, gar z'schön hänts getan. *Hansel tritt auf, auf diesen weisend.* Und da kummt nu der Hansel, und da zeig i em froh, wie sies mache, und mer lache, und maches au so. *Goethe zeigt es Hansel. Sie lachen. Sie machen es auch so.*
Vorhang

So minimal dieses Drama auch ist, schwingt es doch schon mit dem goetheschen Sprachmaterial in einem ganz eigenen Widmer-Sound, hat eine einfache und vollkommene Komposition und macht die Natur und ein männliches Paar in einer scheinbar trivialen Weise zum Thema – wie dies später immer wieder auftauchen wird. Und nicht zufällig zeigt Deutschlands größter Dichter dem Schweizer Hansel, »wie man es macht«.

Der Gegensatz zur Wirklichkeit in Frankfurt 1971 konnte nicht größer sein. »Kollidieren die Sehnsüchte mit der Wirklichkeit?« fragt Widmer in seinem programmatischen Essay *Das Normale und die Sehnsucht* (1971). »Sind Begriffe wie ›Kreativität‹, ›Genie‹, ›Kunst‹ als eine Abwehr derer entstanden, die Angst vor der Veränderung der Wirklichkeit haben?« Und: »Spiegelt die Kunst dagegen vor allem die triste Tatsache, dass die menschliche Phantasie und die Wirklichkeit auseinander klaffen? Entwickelt sie insgeheim die wahnsinnige Hoffnung, den Graben zwischen Wunsch und Realität zuzuschütten: sozusagen die Entfremdung abzuschaffen?« Fragen über Fragen, wie sie anfangs der Siebzigerjahre unter den »Literaturproduzenten« (wie die Dichter sich damals nannten) virulent waren. Sie beschäftigten auch die »Theaterproduzenten«. Aber im Gegensatz zu denen, die die soziale Realität direkt auf die Bühne zu bringen versuchten, als »Literatur der Arbeitswelt«, möglichst auch noch produziert von authentischen Arbeitern, glaubte Widmer, dass es darüber hinaus noch eine Realität des Unbewussten gäbe, des nicht ganz Erklärbaren, und er glaubte darüber hinaus, dass die beiden sich nicht unbedingt ausschlössen.

In seinem ersten abendfüllendem Text fürs Theater, dem Kriminalstück DIE LANGE NACHT DER DETEKTIVE (wie auch dem dritten, STAN UND OLLIE IN DEUTSCHLAND), verwendet Widmer triviale Mythen, wie sie auch auf Postern mit Che Guevara oder im Kino mit Tarzan verwendet wurden. In dem Kriminalstück sind es die alt gewordenen Lieblingsdetektive seiner Jugend (Sherlock Holmes und Dr. Watson, Maigret, Miss Marple, Nero Wolfe, aber auch Jerry Cotton u.a.), Kunstfiguren, aus den Krimis herausgetreten in ein neues imaginiertes Leben. »(Triviale) Mythen sind starre, auf weniges reduzierte Abziehbilder von dem, was wir Wirklichkeit nennen«, und »Der triviale Mythos ist der größte gemeinsame Nenner der Projektionen der Leute um mich herum, mich selbst inbegriffen ...«, ist »ein Filter, der vor die Wirklichkeit gelegt worden ist.« Aber jetzt beginnt Widmer mit diesen starren Filter-Oberflächen zu spielen, bringt sie in Bewegung, und siehe da, hinter dem Filter erscheint so etwas wie Wirklichkeit, erscheinen in den Kunstfiguren vielleicht Menschen, die berühren in ihren Ängsten und Hoffnungen. Wenn die Kinolegenden Stan Laurel und Oliver Hardy in Widmers Stück vom Himmel kommend mit Heiligenschein und kleinen Flügeln ihre Höllenfahrt durch Deutschland (oder Österreich oder die Schweiz) unternehmen, dann ist ihre Reise auch eine POPuläre Diagnose der betreffende Länder, und eine sehr komische dazu. Dabei werden deren irrwitzige Situationen geerdet durch die Bezugnahme auf reale Verhältnisse und Personen am jeweiligen Ort der Aufführung, – was im Live-Act des Theaters ein enges Zusammenspiel der Bühne mit den Zuschauern befördert. Die (trivialen) Mythen werden in Widmers Dramenwelt immer wieder auftauchen, wenn auch nicht mehr so dominierend. Schon in NEPAL, seinem zweiten Stück von 1977, entwirft Widmer mit den arbeitslosen Basler Streunern Hans und Heiri zwei sehr eigene Figuren und mit ihnen ein Drama, in dem bereits die meisten Themen, Topoi und formalen Erfindungen, nicht zuletzt auch die Figuren und deren unverkennbarer Ton der späteren Stücke, enthalten sind. Dies gilt besonders für seine dramaturgische Konstruktion, dem Spiel zwischen Wirklichkeit und Theater, in dem der Autor öfter eine illusionssprengende Rolle übernimmt. Von NEPAL scheinen mehr oder weniger alle künftigen Theaterstücke auszugehen, viele sind in NEPAL bereits in nuce vorhanden, sozusagen ein Sack voller ungeschriebener Dramen, wie ihn (der Autor?) Hans mit sich herumschleppt.

Da bricht (scheinbar) die Realität ins Theater: Zwei Männer, ein älterer und ein jüngerer, flüchten von draußen, wo offenbar ein Polizeieinsatz tobt, in ein Gebäude, das zufällig ein Theater ist; und zwar das Theater der Stadt, in der das Stück aufgeführt wird. Die beiden sprechen genau so wie die Bewohner dort sprechen, sie nennen die Namen der Straßen und Firmen, die jeder im Publikum kennt. Sie fühlen sich relativ sicher in dieser Höhle, sie reden miteinander, sie spielen miteinander, so wie sie es wohl immer tun und getan haben, – und sie erfinden die verrücktesten und traurigsten Theaterstücke, in denen sie natürlich die Hauptrollen spielen. Sie versuchen gegen den Lärm von draußen zu spielen, gegen ihre Ängste, und sie spielen ihre Sehnsüchte, sie träumen von einer Welt, die anders, die besser sein könnte, als es diese hier ist. Nepal könnte es sein. NEPAL, so Urs Widmer, sei ihm, obwohl das Stück gewiss lustig sei, eher pessimistisch geraten: »Ich hätte in mir lieber eine etwas hoffnungsvollere Botschaft vorgefunden. NEPAL ist ein Stück, das von unserer Freiheit spricht, von der dahinschwindenden Hoffnung auf realisierbares Glück, von Trennungen, von Abschied, vom Altwerden, von unseren kollektiven Überlebenstricks, und vor allem davon, wie ein Einzelner in das Treiben einer immer mehr verhärteten Gesellschaft (in der etwa die Großindustrie mehr und mehr bestimmt, wer wo und wie leben darf) eingreifen kann und ob.« Widmer hat bereits in diesem Stück von 1977 viele Themen angepackt, die erst Jahrzehnte später ganz offen zutage treten, Umweltverschmutzung und Klimakatastrophe, die Macht der Konzerne und Globalisierung der Wirtschaft, das Verschwinden des Individuums, seine Fremdsteuerung. Hans fragt am Ende des Stückes: »Und wie müen mr lääbe?« Und Heiri antwortet: »Ganz anderscht.«

Auch ZÜST ODER DIE AUFSCHNEIDER beginnt mit dem Theater als Schauplatz der Träume: Wieder sind es zwei einsame Melancholiker (eine typisch Widmersche Männerbeziehung: seine Männerfreundschaften sind Freundschaften aus Not), diesmal die Feuerwehrmänner des Theaters und ehemalige Spanienkämpfer, die in diesem Traumtheater die Hauptrollen ihrer Existenz spielen – auch eine Art von öffentlicher Analyse. Auf einem kahlen Berg über dem Rhein-Main-Gebiet graben sich die beiden Alten in die Höhlen ihrer gemeinsamen Vergangenheit, vergangene Hoffnungen und Wünsche.

Die 68er im Verlag der Autoren hatten ihnen womöglich gut zugehört. Denn so wie sie überzeugt waren, mit dem neuen Modell eine Lösung der alten Probleme im Abhängigkeitsverhältnis zum Verleger gefunden zu haben, so suchten viele von ihnen nach einem Rezept zum Schreiben der Wahrheit, das sie in einer möglichst authentischen Wiedergabe der Realität zu finden glaubten. Grund genug für heftige »Realismus-Debatten« am Anfang der Siebzigerjahre, in denen Urs Widmer eine wichtige Rolle spielte. In einer legendären Rede auf der Vollversammlung der Autoren 1974 (abgedruckt in *Das Buch vom Verlag der Autoren 1969-1989*) beschreibt er die Unterschiede der »sog. realistischen Autoren« und der »sog. nichtrealistischen Autoren« und kommt zu dem Schluss, dass es in der Literatur ein Entweder-Oder nicht gebe: »Früher einmal glaubte ich zweifellos, dass in der ästhetischen Produktion nur ein Weg zum Heil führe, unter anderem meiner. In der Zwischenzeit neige ich der Ansicht zu, dass es fast so viele Wege gibt wie Leute, die es versuchen, bzw. dass kein Weg ganz zum Heil führt. Dazu muss man schon einmal das Heil kennen.«

In DER SPRUNG IN DER SCHÜSSEL gerät dem Autor der Aufstand von 1968 zur Farce. Auf der Straße wird demonstriert, im Fernsehen gibt es live das Experimental-Stück OIDIPOS SIXTY EIGHT. Ein wildes Spiel zwischen Schein und Sein beginnt, wenn die das Fernsehen stürmenden Kinder und die vor ihnen flüchtenden Schauspieler zuhause bei den vor der Glotze sitzenden Eltern auf-

tauchen, denen alle Personen gleichzeitig fremd und doch bekannt vorkommen. Das alles wiederholt sich mit vertauschten Rollen 20 Jahre später – mit den bekannten ins Groteske vergrößerten Veränderungen. Dazu Widmer im Proustschen Fragebogen der FAZ auf die Frage nach der Reform, die er am meisten bewundere: »Liberté, Egalité, Fraternité (misslungen).«
Ist dieses Stück von 1990 auch eine Psychoanalyse der Familie (OIDIPOS SIXTY EIGHT!), so ist die Kriminalgroteske ALLES KLAR von 1987 eine Diagnose der braven Angestellten- und Beamtenwelt, in der alles verdrängt wird, was das Leben so verlangt. Widmer verschränkt den Fall eines Amokläufers (aus der realen Gegenwart Zürichs!) mit einer Bankräubergeschichte und führt die Schauspieler in ein Verwirrspiel, in dem sich die Missverständnisse nur so stapeln. Mit den wahnwitzig verschränkten Dialogen, in denen er das ständige Aneinandervorbeireden persifliert, entlarvt er das verdrängte gewalttätige Innenleben seiner Figuren und zugleich deren verdrängte Wünsche. Widmer hat hier auf die Spitze getrieben, was Labiche und Feydeau vor 150 Jahre begonnen haben.
Entspannter geht er es in seinem fast 15 Jahre später entstandenen, thematisch verwandten Divertimento BANKGEHEIMNISSE an, ein Stück auch über den Nonsense, den unsere ökonomische Welt produziert, und – so Widmer – eine Art Satyrspiel zu TOP DOGS, dem »Königsdrama in den Chefetagen.« Auch in BANKGEHEIMNISSE wird das beliebte Spiel im Spiel des Autors wirksam, wenn es, so Widmer, »seltsamerweise im Verlauf des Stückes ›Mord im Theater‹ heißen wird, auch ein Stück übers Theater selbst ist.«
Wenn schon Mord und Totschlag, dann darf auch die Apokalypse nicht fehlen, selbstverständlich in einer Komödie. Die bringt Widmer in seinem frühen Stück DER NEUE NOAH mit der Sintflut auf die Bühne, und zwar auf eine dem Publikum besonders nahe kommende Weise, nämlich im vertrauten heimatlichen Dialekt und mit einem beliebten Volksschauspieler in der Hauptrolle eines Priesters.

Wie dieser neue Noah die Welt zu retten versucht, ist sicherlich biblischer, als es sich der gute Priester je hätte träumen mögen. Der Lust am Populären frönt Widmer viele Jahre später mit dem Rockmusical DIE SCHWARZE SPINNE (nach der Erzählung von Jeremias Gotthelf und mit der berühmten Rockgruppe »Patent Ochsner«). Texte und Songs in einem archaischen, sehr formalisierten Dialekt sowie eine raue, hyperrealistische Choreographie für 50 junge Bauernburschen machen aus dem sagenhaften Teufelsspiel eine enthemmte Horrorshow, die von einem bisher doch eher ironisch-verspielten, melancholisch-träumenden und so ironisch-witzigen Stückeschreiber nicht zu erwarten war. Gibt es für diese Entwicklung eine Erklärung?

Urs Widmer ist 1984 in die Schweiz zurückgekehrt, die ihm nach 17 Jahren in Frankfurt doch so ganz anders erscheinen musste. Die Stücke und Romane der Frankfurter Jahre waren durchaus von den politisch-gesellschaftlich meist turbulenten deutschen Verhältnissen beeinflusst, von den immer neuen Debatten um die Bewältigung deutscher Schuld, vom Ausbruch der Achtundsechziger, von Häuserkampf und Radikalenerlass, der Roten Armee Fraktion, von BRD und DDR, von Brandt und Schmidt und Kohl, kurz, von den entscheidenden Jahren in der Geschichte der Bundesrepublik: Und Widmer erlebte sie in einem der Zentren der Ereignisse. Schon fühlte er sich als halber Frankfurter und wurde in der schnelllebigen Stadt auch als solcher geschätzt. Wenn er nach 17 Jahren dennoch zurück in die Schweiz ging, dann lag dies wohl an dem sich verändernden allgemeinen Klima der Bonner Republik: Das Gefühl der Freiheit, das der Schweizer in den Aufbruchsjahren verspürte, es hatte sich allmählich gewandelt. Warum also nicht zurück in die Schweiz, zumal auch private Gründe dafür sprachen? Und war Zürich nicht doch etwas bodenständiger und wärmer als das sich ständig erneuernde Frankfurt? Und die heimische Sprache, war sie nicht doch eine natürlichere Nahrung als die Fremdsprache der Nachbarn im Norden? Er fühlte sich wieder wohl nach seiner Rückkehr, die er bewusst nach Zürich vollzog, und nicht ins vertraute Basel. Er fühlte sich wohl, aber mit einer gewissen Distanz. Denn dass lebenswertes Leben unter dem Diktat der Ökonomie immer schwerer zu realisieren war, das unterschied die Metropolen am Main und an der Limmat nicht so wesentlich, und so sah der fremde Blick des Heimkehrenden vielleicht die politischen und kulturellen Probleme der Stadt und des Landes schärfer als der eines Einheimischen. Und Widmer scheute sich nicht, durchaus in einer aufmüpfigen Tradition der Schweiz (in der Nachfolge von Dürrenmatt und Frisch) und nicht zuletzt mit seinen deutschen Erfahrungen bisher unbekanntes Terrain zu betreten, das des politischen Zeitstücks. Stücke mit »historischer Phantasie«, wie er sie nannte. Das eine, FRÖLICHER – EIN FEST (1991), handelt von Hans Frölicher, der als Schweizer Gesandter von 1938 bis 1945 sein Land beim Dritten Reich in Berlin vertrat. Mit genauen Fakten, aber auch mit allen nur möglichen theatralen Mitteln, entwirft Widmer eine Revue, in der Weltgeschichte zu satirisch-entlarvendem Theater mutiert. Das andere Stück, gleich im Titel *Ein Stück Schweiz* genannt, behandelt den Fall des »Jahrhundertspions« JEAN-MAIRE, der, in einem Militärprozess wegen Spionage zugunsten der Sowjetunion zu 18 Jahren Zuchthaus verurteilt, bis zu seinem Tod 1991 um seine Rehabilitation kämpfte. Beide Stücke wurden in der Schweiz bezeichnenderweise von Privattheatern uraufgeführt, mit außergewöhnlich opulenten Theatermitteln und mit einer ungewöhnlich heftigen (politischen) Resonanz.

Wie Geld und Macht zusammenhängen, musste einen Schweizer Dramatiker schon immer interessieren. In der zunehmenden Ökonomisierung des Lebens, der Globalisierung der Wirtschaft und den damit zusammenhängenden Problemen hat die Schweiz ihre eigenen Erfahrungen. Es wundert also nicht, dass ein experimentierfreudiges Privattheater, das am Zürcher Neumarkt, schon 1996

über ein Problem nachdachte, das auch Urs Widmer beschäftigte – der dann in einer beispielhaften Kooperation mit dem Theater sein weltweit erfolgreichstes Stück schrieb: Top Dogs. Der so nicht voraussehbare Erfolg lässt sich vielleicht mit zwei Umständen erklären: Einmal mit der Grundidee, die strukturelle Arbeitslosigkeit nicht mit den Underdogs, sondern mit den Top Dogs darzustellen, was zur Folge hat, dass die Theaterbesucher, die in der Regel keine Top Dogs sind, mit einer gewissen Genugtuung feststellen können: Die scheinbar allmächtigen Manager sind nicht nur Täter, sie können auch Opfer sein. Damals, 1996, eine noch durchaus neue Erfahrung. »Die Globalisierung frisst ihre Opfer« – hieß es beim Berliner Theatertreffen. Für das Theaterstück entscheidender war jedoch der Umstand, dass Widmer mit seiner dramaturgischen Konstruktion einen Weg gefunden hat, eigentlich auf dem Theater kaum darstellbare ökonomische Prozesse zu zeigen. Schon Brecht hatte damit in seiner Heiligen Johanna der Schlachthöfe seine Schwierigkeiten. Die Bühne braucht eben Menschen mit Kopf und Bauch und Namen und Geschichte und kann mit Börsenkursen nur wenig anfangen. Die Top Dogs spielen mit der Ökonomie und machen ihre Vorgänge sichtbar. Das Stück spielt in Zürich (oder in der Stadt, in der das Stück aufgeführt wird), die Schauspieler geben den Figuren ihre Namen, zum Teil sprechen sie den heimischen Dialekt – wiederum das bewährte Widmersche Mittel, dem Zuschauer die Vorgänge so nahe wie möglich zu bringen und gleichzeitig das Theatralische der Aktion zu betonen. Obwohl die Fakten alle gut recherchiert und real sind, entsteht doch kein Dokumentartheater wie in den Sechzigerjahren, vielmehr verdichtet und verwandelt Widmer sie durch Sprache und Komposition in ein durchaus artifizielles Gebilde – und damit trotz des realen und faktenreichen Stoffes zu einem wahren Widmer-Stück.
Dass der Autor in seinen sogenannten »politischen Stücken« zwar seine theatralischen Mittel weiter entwickelt, sie erweitert zu grö-

ßeren Formen, ist deutlich zu verfolgen. Dass er aber auch immer wieder die alten, phantastischen Kunst-Stücke aus seinem Zauberkasten holt, zeigt seine auch in eben diesen Jahren entstandene SOMMERNACHTSWUT, die er im Untertitel *Ein Theater* nennt. Ob dieses Spiel mit dem Theater nun geglückt ist oder nicht, das mag die unbeirrbare Zeit entscheiden, bei seiner Grazer Uraufführung jedenfalls schien es vielen Zuschauern als ein Rätsel, das nur schwer zu entschlüsseln war. Vielleicht lag dies darin begründet, dass Widmer hier geradezu obsessiv alle seine privaten Theatertopoi versammelte, seine dramaturgischen Tricks und Metaphern, und dass das Theater damit die konkreten Bezüge zur Wirklichkeit einbüßte und »nur« noch mit sich selbst spielte. Pirandello müsste vor Neid erblassen, und der Zuschauer war gezwungen mitspielen, oder er war verloren in einer Traumwelt, in der alles, aber auch alles möglich ist. Die Hauptrolle in diesem Spiel ist nicht zufällig der Autor selbst, der mit einem Schauspieler einen Weg durch einen Irrgarten sucht, den er selbst angelegt hat. Wenn der seit Shakespeares Zeiten schlafende Weber Bottom auf Widmers Bühne aufwacht und nach seinen Freunden sucht, dann spannt der Autor einen Bogen vom Sommernacht*straum* zur Sommernacht*wut,* die Wut über eine Welt, in der die Menschen nur noch mit Gasmaske überleben können. Schon Hans und Heiri träumen von NEPAL als dem Land, in dem es sich noch atmen lässt. Und so scheint für Widmer das Theater der letzte Ort zu sein, an dem noch alles möglich ist, das Normale und vor allem die Sehnsucht, Sinn und vor allem Unsinn, Verdrängung und vor allem Verzauberung, heile Natur und auch die Apokalypse —und der Autor als ein kleiner Gott, der sein Universum schaffen kann, aber sich auch von seiner eigenen Schöpfung verwirren lassen muss. In dieser Sommernacht wird er sogar in einer Zwangsjacke abgeführt. Aber weil dieser Autor ein Geschöpf des Autors Urs Widmer ist, darf man sich zwar fürchten, aber auch hoffen, dass alles noch einmal gut wird.

Die Mauer

Wessi starrt ins Leere. Ossi tritt auf, stellt sich ihm gegenüber, sieht ihn an. Endlich.

OSSI Darf man fragen, auf was Sie da so starren?
WESSI Ich stelle mir ne Mauer vor.
OSSI Ne Mauer.
WESSI Die Mauer.
OSSI Ach so. Die Mauer. Ja. Da will ich auch mal starren, wenn Sie erlauben. *Sie tun das. Nach einer Weile.* Nicht schlecht.
WESSI Herrlich.
OSSI Großartig.
WESSI Irre.
OSSI Sie fehlt uns, was?
WESSI Und wie.
OSSI Wir verstehen uns wesentlich besser mit als ohne, ja?
WESSI Sie sagen es.

Sie starren.

OSSI Vielleicht sollten wir wieder eine bauen.
WESSI Vielleicht.

Sie starren.

OSSI Aber das können wir gar nicht mehr. Keine Baufirmen mehr, keine Maurer, kein Zement, keinen Chef. Das müsst jetzt schon ihr machen.
WESSI Wir?
OSSI Ja wer sonst?! Ihr könnt auf den Mond fliegen und 220 fahren und Giftgasanlagen bauen, da werdet ihr doch ne Mauer hin-

kriegen, n paar hundert Kilometer, müsste doch möglich sein, herrgottnochmal.
WESSI Müsste eigentlich.

Sie starren.

WESSI Und dann?
OSSI Was, und dann?
WESSI Wenn wir die Mauer gebaut haben.
OSSI Dann verstehen wir uns wieder.
WESSI Wiedergetrennt.
OSSI Genau.
WESSI Ihr habt ja dann immer noch unser Know-how, und unser Fernsehen.
OSSI Genau. Das kann uns niemand mehr nehmen.
WESSI Träume, mein Lieber.
OSSI Ich weiß.
WESSI Lass uns noch n bisschen starren.
OSSI Genau.

Sie tun es. Black.

Die Stücke

Die lange Nacht der Detektive
Besetzung: 2 Damen, 6 Herren
Uraufführung: 6.12.1973, Theater Basel
Regie: Niels-Peter Rudolph, *Bühnenbild*: Hannes Meyer, *Kostüme*: Anuschka Meyer-Riehl
Mit Hubert Kronlachner, Jürgen Cziesla, Joachim Ernst, Walter Kiesler, Karin Schlemmer, Adolph Spalinger, Georg Martin Bode, Judith Melles, Juanita Tock
Weitere Inszenierungen in Deutschland und Österreich

Kronlachner, Cziesla, Ernst, Kiesler, Tock, Spalinger, Schlemmer   Foto: Peter Stöckli

Inhalt:
Zum achtzigsten Geburtstag von Shylock Hoames geben sich einige bekannte Detektive der Weltliteratur ihr Stelldichein an der Baker Street: Mr. Hudson, Miss Mupple, Paul Maigré, Jerry Corton, Hero Woolfe und Arsène Lupinescu. Sie sind alle etwas abgehalftert; Miss Mupple säuft wie ein Loch, Maigré kaut an seinem Hörrohr, seit ihm der Arzt seine Pfeife verboten hat. Nur Jerry Corton wirkt frisch und dynamisch, aber der wird dann auch prompt mit dem Krummdolch ermordet. Als Mörder kommen nur die Anwesenden in Frage. Ein nicht ganz klassisches Verwirrspiel um die klassische Whodunnit-Frage beginnt.
Die ursprüngliche Fassung mit den Originalnamen musste aus Urheberrechtsgründen umgeschrieben werden, deshalb sind die Namen verändert.

Textprobe:
MISS MUPPLE Ich habe nur den Schatten gesehen. So einen Schatten. Es ist der Mörder von Jerry Corton, ganz bestimmt. *Pause.* Was für ein Beruf. Ich habe genug von diesen Mordgeschichten. Immer dieses Blut. Ich kann keine Toten mehr sehen, ich kann nicht. *Sie sieht Shylock Hoames.* O Gott. Noch so einer. *Sie sinkt auf den Stuhl.*
PAUL MAIGRÉ *beruhigend* Regen Sie sich nicht auf, Miss Mupple. Ganz ruhig. Shylock Hoames ist tot.
MISS MUPPLE *schwach* Ja. Shylock Hoames ist tot. *Pause, begreift plötzlich.* Shylock Hoames ist tot?
DR. HUDSON *sehr nervös* Wir dürfen jetzt nur nicht die Nerven verlieren. Ganz, ganz ruhig. Wir müssen uns einfach alle im Auge behalten und auf jedes Geräusch achten. Keine Panik. Ganz, ganz ruhig.
MISS MUPPLE Kann man nicht wenigstens diesen Kadaver wegschaffen?
HERO WOOLFE Ja.

Der Autor zu seinem Stück:
»Ich wollte u.a. ein Stück schreiben, in dem alle meine Lieblingsdetektive gemeinsam auftreten, in welchem aber auch die Zeit spürbar wird, die inzwischen, seit meiner ersten Bekanntschaft mit den großen Weltdetektiven, vergangen ist. (...) Sherlock Holmes feiert gerade seinen achtzigsten Geburtstag. Aber sonst ist er noch ganz der alte, ja, alle Detektive sind noch ziemlich so, wie sie lebenslang gewesen sind – gealtert zwar, auch ein bisschen trauriger, aber alles in allem versuchen sie, ihr Schicksal, langsam aus der Zeit zu fallen, mit Haltung zu ertragen. (...)
Ihre Aufgabe ist es, die aus den Fugen geratene Welt wieder ins Lot zu bringen. Damit liefert der Kriminalroman manifest inhaltlich, was möglicherweise ein Bemühen der Künste überhaupt ist: die Phantasie und die Realität, die Träume und das Leben, die Sehnsüchte von früher mit den Realitäten von heute wieder zusammenzubringen. Wenn der Detektiv den Fall gelöst hat, ist die verstörte Welt wieder in Ordnung, bis zum nächsten Mord. Für einen kurzen Augenblick haben wir das Paradies betreten. Alles stimmt. Glücklich lehnt sich der Detektiv in seinem Schaukelstuhl zurück und zündet seine Pfeife an. Die Trennung von Wort und Ding ist nun aufgehoben, dieser Augenblick vermittelt eine Ahnung davon, wie es wäre, wenn die reale Welt keine realen Anlässe zu realer Verstörung böte. So etwas schafft sogar ein Jerry Cotton noch zuweilen. Aber die Welt hat sich inzwischen unübersehbar von den Detektiven wegentwickelt.«
Aus dem Programmheft zur Uraufführung

Pressestimmen:
»Helden, mit denen wir groß geworden sind, altern kaum in unserer Erinnerung. Werden Winnetou oder Robinson älter, weil wir fünfzig oder siebzig werden? Zwischen der bleibenden Frische der Helden in unserer Erinnerung und der Vorstellung, sie würden altern und also nicht mehr das repräsentieren, was sie für unsere Er-

innerung sind, gibt es eine Differenz, in der die Gedanken spielen können, eine Differenz für Gedankenspiele. Urs Widmers erstes Stück ist zuerst und zuletzt ein Gedankenspiel. Der 35jährige Autor sieht auf die Helden seiner literarischen Abenteuer zurück. Wie Gottfried Kellers *Landvogt von Greifensee* noch einmal seine Geliebten um sich versammelt, so sammelt Widmer als Heldenfiguren die großen Detektive. (…)
Dabei gibt es eine Differenz zwischen dem Lesevergnügen am Text und an seiner Inszenierung. Das Lesevergnügen ergibt sich aus dem größeren Spielraum für unsere Phantasie. Die Enttäuschung der Inszenierung kommt daher, dass sie die dritte Ebene nicht herstellen konnte, diese langsame und harzige Trauer um diese alten Helden, die doch alle an Gerechtigkeit und Humanität interessiert waren. Widmer verlangt ein langsames und harziges Spiel. Damit hat er sicher recht.«
Günther Rühle, Frankfurter Allgemeine Zeitung, 11. Dezember 1973

»Urs Widmer wollte, wie er im Gespräch sagte, ein mal ein nach klassischen Regeln gebautes Kriminalstück schreiben, dessen Verwicklungen vom Zuschauer mitgelöst werden können. Er wollte zum anderen zeigen, dass sich die Detektive alter Art, diese ehren- (und rückblickend vergleichsweise fast liebens-)werten Vorläufer von heutigem Law-and-Order-Denken überlebt haben, nicht aber unser pubertäres Bedürfnis nach ihrer Trugwelt, die inzwischen brutale, einschichtige, unreflektierte Züge angenommen hat. Sherlock Holmes dachte noch nach, sah die Landschafen seiner fiktiven Unternehmungen mit einer an E.A. Poe geschulten Ausdrucksfähigkeit. Typen vom Schlage eines Jerry Cotton sehen die Welt nicht mehr, haben auch nicht das Vokabular, sie zu beschreiben, sie schießen nur noch in sie hinein und stocken die Rudimente menschlichen Geistes mit den platten Wundern der Elektronik auf.«
Günther Mehren, Stuttgarter Zeitung, 11. Dezember 1973

NEPAL
Besetzung: 2 Herren
Uraufführung: 4.9.1977, Schauspiel Frankfurt Kammerspiele
Frankfurter Fassung von Karlheinz Braun
Regie: Wolf Seesemann, *Ausstattung*: Peter Bohl
Mit Michael Altmann, Alwin Michael Rueffer
Bis heute über 40 Inszenierungen im gesamten deutschen Sprachraum (mit den jeweiligen dialektalen und topografischen Anpassungen des im Original auf Baseldeutsch geschriebenen und in Basel spielenden Stücks)
Fernsehaufzeichnung der Schweizer Erstaufführung (SRG 1979)

Altmann, Rueffer   Foto: Mara Eggert

Inhalt:
Zwei Männer, Hans und Heinz, verkriechen sich vor einem gewalttätigen Geschehen in ihrer Stadt in ein altes Theater. Um ihren Ängsten Herr zu werden und zum Zeitvertreib spielen sie Wortketten-Bilden oder Sich-aus-dem-Lachen-bringen, bald persiflieren sie heiteres Beruferaten, bald improvisieren sie eine melodramatische Bergsteigertragödie am Matterhorn. Sie entwerfen die verrücktesten und traurigsten Theaterstücke, die ihre Wünsche und Alpträume, Utopien und Untergangsstimmungen formulieren. Spiel und Realität vermischen sich, wenn sie im Dunkeln die Zuschauerreihen entdecken und in einem Kasten eine Frau, die seltsamerweise dieselben Sätze spricht wie sie, nur vor ihnen. Die beiden drehen sich im Kreis, und Heinz träumt davon, dem sinnlosen Karussell aus Angst, Beziehungslosigkeit und Zivilisationskrankheit zu entfliehen. Er bricht einmal angeblich nach Nepal auf, das für ihn als ferne, unbekannte Möglichkeit der Freiheit steht, kommt aber wieder zurück, um Hans, der an seiner Einsamkeit zugrunde geht, sterben zu sehen.

Textprobe:
HEINZ Aamaal hab ich inner Kneipe gesesse, schon achtzeh Stund. Ich war besoffe, abber net sehr, un nebe mir hat e Fraa gesesse, Erika hat se gehasse und wie e Giraff hat se ausgesehe. Merr habbe mitenanner geschwätzt un habbe weitere achtzehn Stunne nebenenanner sitze wolle. Um uns erum warn ähnliche Mensche. Merr habbe gegesse, wenn merr Hunger gehat habbe.
HANS Weiter.
HEINZ Später schien die Morjesonn über die Stadt, un merr habbe, mit dene ähnliche Mensche, uff de Strass gestanne un habbe Luftballons gekickt. Merr habbe Kopfbäll und Fallrückzieher gemacht. Herren mit Mappen sinn zwischen uns dorchgegange und habbe versucht, ihre Hüt vor den Ballons zu rette.

HANS Is die Erika mei Mudder?
HEINZ Naa.
HANS So ebbes erlebt merr heut net mehr.
HEINZ Wieso net?
HANS Ich waass net. Alle sinn ernst. Niemand lebt gern.

Der Autor zu seinem Stück:
»NEPAL sieht auf den ersten Blick wie ein Dialektstück aus. Es ist aber ein Stück in der Umgangssprache d.h. ein Versuch, die Menschen auf der Bühne so sprechen zu lassen, wie die Menschen in der Stadt sprechen, in der das Stück gespielt wird. Ich habe auch versucht, ein Stück zu schreiben, das sich auf die konkrete Situation einer konkreten Stadt bezieht. NEPAL spielt in Basel, und die handelnden Personen (ein junger und ein alter Mann) haben ihre Schwierigkeiten mit konkreten Personen oder Institutionen: mit der Polizei etwa, oder mit Hoffmann-LaRoche. Allerdings: Da Firmen, Namen, Ereignisse für bestimmte Entwicklungen unserer Gesellschaft typisch sind, sind analoge Firmen, Namen, Ereignisse – leider überall zu finden. NEPAL ist übertragbar, muss aber für jeden Aufführungsort neu geschrieben werden. (…) Die vergnügliche Seite des Stücks liegt, von seiner Situationskomik einmal abgesehen, sicher auch an der unverbrauchten Kraft der Umgangssprache. Aber, obwohl das Stück gewiss ›lustig‹ ist: es ist mir eher pessimistisch geraten. Ich hätte in mir lieber eine etwas hoffnungsvollere Botschaft vorgefunden.«
Aus dem Manuskript für die Verlagsankündigung

Pressestimmen:
»Becketts zwei Landstreicher Estragon und Wladimir sind in die Stadt gekommen. Sie warten nicht mehr auf Godot, sondern spielen nur noch mit dem Gedanken an Nepal, sind überhaupt viel konkreter in ihren kleinen Spielen und großen Ansprüchen, sagen

direkt, was sie meinen, und werden also die Exegeten nicht lange beschäftigen. Sie machen hervorragendes Kabarett, lassen nie den Ernst der Lage aus dem Blick und geben gleichzeitig zu verstehen, dass auch der Ernst seine spaßigen Seiten hat, dass die ganze Welt leicht in Zugnummern einzuteilen ist. (…)
Alwin Michael Rueffer (Heinz) und Michael Altmann (Hans) ließen über weite Strecken vergessen, dass das Stück gar nicht von Beckett ist. Da gewann der Text mitunter geheimnisvolle Tiefen, in die keine noch so schöne Pointe des Autors mehr hinabreicht. Das Premierenpublikum schien mit allem hochzufrieden: mit dem Witz und dem Wesentlichen und der eleganten Verbindung von beidem.«
Siegfried Diehl, Frankfurter Allgemeine Zeitung, 6. September 1977

»Das Theater als Zuflucht. (…) Und obwohl in diesem Stück die Realitätseinbrüche sehr konkret beim Namen genannt werden (…), blieb gerade der Kontrast zwischen den Phantasiewelten von Hans und Heinz und der Bedrohung durch die Außenwelt zu schwach. Der Lärm, der Aufruhr, vor dem die beiden flüchten, wirkte schemenhaft, wo er schmerzlich und schmerzhaft sein müsste.
Das macht das Stück harmloser, flacher, als es wahrscheinlich gemeint ist, ohne sich zum (vielleicht möglichen) Gegenextrem, der blanken hohnvollen Clownerie durchzuringen. (…) Vielleicht zeigen die folgenden Inszenierungen, dass in dieser abendfüllenden Geschichten-Suite ein Theaterstück steckt; möglicherweise eines voller Aberwitz.«
Rainer Wagner, Die deutsche Bühne, 10/77

»Es gibt eine Zürcher, eine Basler Fassung. Für Bern hat Peter Kopf zusammen mit den beiden Darstellern Bernhard Jundt und Dieter Stoll das Stück neu eingerichtet. Neu eingerichtet ist zu wenig ge-

sagt, denn manche Teile des Stücks sind um-, andere neugeschrieben worden. Zu diesem Neugeschöpften gehört die makabre Geschichte von den Pilzen, die visionäre Schau einer gespenstischen Zukunft, ebenso der köstliche Auftritt Dieter Stolls als Bundesrat. Der bernischen Fassung eigen ist ferner das Volksnahe, der Einbezug des Bäuerlich-Ländlichen ins Handlungsgefüge, das Fröhliche, Lebendige, Kabarettistische, das Schwebende zwischen Spaß und Ernst, das Auffangen allzu direkter Aussagen im versöhnlichen Naiven der beiden Clochards. (...) Der Versuch, ein Stück für eine bestimmte Stadt zu schreiben – für Bern ist es nach meinem Dafürhalten geglückt.«
Der Bund, 3. Januar 1979

STAN UND OLLIE IN DEUTSCHLAND
Besetzung: 2 Damen, 3 Herren
Uraufführung: 5.10.1979, Theater am Sozialamt München
Regie: Urs Widmer, *Ausstattung*: Wolfgang Dallmann, *Musik*: Peter Zwetkoff
Mit Philipp Arp, Jörg Hube, Wolf Euba, Friederike Frerichs, Maud Jahn, Martina Ottmann
Mit weit über 30 Inszenierungen in ganz Deutschland, Österreich (STAN UND OLLIE IN AUSTRIA) und der Schweiz (STAN UND OLLIE I DR SCHWYZ) einer der größten Theatererfolge jener Jahre. Szenen und Sprache werden je nach Aufführungsort adaptiert.
Fernsehaufzeichnung (BR 1981)

Hube, Arp   Foto: Hannelore Voigt

Inhalt:
Nur musikalische Menschen kommen ins Paradies. Stan Laurel und Oliver Hardy finden sich mit Harfe und Posaune auf einer Wolke wieder, doch der verlangte Lobgesang in C-Dur will ihnen nicht gelingen. Sie werden ausgewiesen, fallen wieder unter die Menschen und landen in Deutschland. Ihre Naivität prallt auf den ganz normalen Wahnsinn des Alltags: vom fahndungssüchtigen Polizisten über ein Schnellrestaurant bis zu einem Jogger, der im fliegenden Wechsel für die an Herzinfarkt verstorbenen Führungskräfte einspringt. Als Stan sich in Laura verliebt, gerät sein Liebeslied zu einem Katalog der Liebesunfähigkeit, und als er sie fragt, ob er Ollie mitbringen könne, fällt er von der Bühne. Der Teufel erbarmt sich und nimmt Stan und Ollie in der Hölle auf, wo sie versuchen, ein menschliches Gesicht zu machen.

Textprobe:
Deutschland. Du bist verrückt. Deutschland ist ein wunderschönes Land mit schwarzen Wäldern, in denen Zwerge und Elfen herumhuschen, mit sonnenhellen Auen und warmen Gasthäusern, und überall sind Schmiede und Wagner, die bei der Arbeit singen, und blonde Frauen mit Brüsten, aus denen Milch spritzt.
Aus Stan und Ollie in Deutschland

D'Schwyz. Du hesch en Eggen ab. D'Schwyz isch es wunderschöns Land mit blaue Bärge, wo Murmeltier und Gämse umehusche, mit sunnehälle Aue und warme Beize, und überall sind Schriiner und Wiibure, wo bi der Arbet singe, und gsundi Frau mit Brüscht wo Milch useschprüzt.
Aus Stan und Ollie i dr Schwyz

Der Autor zu seinem Stück:
»Wofür sind die beiden eine Metapher? Mir ist nur klar, dass ich eigentlich stets dazu neige, Brüderpaare zu schreiben, jedenfalls Männerpaare. Stan und Ollie stellen da also nur eine Station unter vielen vor und wahrscheinlich keine zufällige. Irgendwo sind ja alle diese Paare auch verkleidete Szenen einer Ehe (...). Es handelt sich bei STAN UND OLLIE ja nicht um ein Homosexuellen-Stück, es ist darin vielmehr ein Bruch eingebaut, auch eine Utopie, eine Art Hoffnung, dass die Menschen so zusammensein könnten in dieser Form von beinahe asexueller Zärtlichkeit, die etwas aufbaut, was das reale Erwachsenenleben in dieser utopischen Form nicht mehr erfüllt. Stan und Ollie, das war für uns Kinder ein Lebensentwurf, wir waren ganz auf der Seite der beiden. Erst später sah ich dann als Erwachsener, dass das Traurige dieser Filme ist, dass sich so ein Lebensentwurf eben gegen die Realwelt nicht durchsetzen kann. In der Tat sind die Stan-und-Ollie-Filme, auf die ich mich jetzt beziehe, Geschichten von Niederlagen. Die beiden setzen sich eben nicht durch in der Welt der Tüchtigen. Natürlich überleben sie im Stück; toter als tot können sie ja nicht werden. Das ist das zauberhaft Utopische an einem Kunstprodukt.«
Im Gespräch mit Peter Rüedi über STAN UND OLLIE IN BERLIN, *aus dem Programmheft der Staatlichen Schauspielbühnen Berlin (ohne Datum)*

»Als Ollie starb, setzte sich Stan in sein Arbeitszimmer und schrieb noch acht Jahre lang neue Stan-und-Ollie-Szenen, die er dann allerdings in den Himmel mitzunehmen vergaß. Vielleicht konnte er sie auswendig. Vielleicht braucht man im Himmel keine vorgefertigten Texte. Vielleicht auch dachte er, dass Engel ein ungeeignetes Publikum sind, denn abendländische Engel sind todernst. (In seinem Leben hatte Stan vier Frauen, aber nur einen Ollie. Er nannte ihn Babe.)

Stan Laurel hat ein menschenfreundliches Theater geschrieben (er und Ollie hörten nie auf, ihre Stücke auf Bühnen zu spielen.) Stan schrieb und spielte nicht gegen seine Zuschauer (Ollie natürlich auch nicht), sondern für sie. Aber seine Gegner kannte er, er war nicht in Hollywood zur Welt gekommen, sondern in einer nordenglischen Industriestadt. Ich weiß eigentlich nicht, was für Gesichter z.B. die verantwortlichen Herren vom Fernsehen machen würden, würde ihnen Stan seine Szenen heute anbieten: zum Beispiel die, in der ein Massenstau zwischen Augsburg und München gezeigt wird, und zweit seltsame Herren, ein dünner und ein dicker, beginnen, all die schönen neuen BMWs zu demolieren, und dazu noch ein paar blitzsaubere Streifenbeamte.«
Aus dem Programmheft des TamS, Oktober 1979

Pressestimmen:
»Wie kann man wohl den lieben Gott zum Tanzen bringen, und wie fängt man einen Heiligenschein? Was mag das deutsche am deutschen Beefsteak sein, und wie spricht ein Ausländer mit einem inländischen Taubstummen? Haben Päpste gleitende Arbeitszeit, und was sagt man bei der Bewerbung auf eine Briefträgerstelle auf die Frage: Können Sie denn Briefe tragen? Das sind schon denkbar ernste Probleme, himmlische und irdische, und sie werden spielend und immer wieder höllisch komisch (also wahrhaft tiefschürfend) gelöst, wenn Stan Laurel und Oliver Hardy heute wiederkehren.«
Peter von Becker, Süddeutsche Zeitung, 8. Oktober 1979

»Wie schon in ihrem ersten Leben, kommt auch bei ihrer Wiedergeburt auf der himmelblauen Bühne des TamS für Stan und Ollie das Unglück meist aus dem Off. Mit Donner und Blitzen und anderen Drohgebärden hetzt sie ein selten sichtbarer Gott im Bademantel von Szene zu Szene. So joggen sie durch den Wald und lassen sich durch kein Missgeschick entmutigen, auch das nächste

wieder auf sich zu nehmen. Stan und Ollies Reise durch Deutschland sind Szenen über die subversive Kraft der Melancholie.«
Helmut Schödel, Die Zeit, 10. Oktober 1979

»Ein märchen- und zauberhafter Juxabend, so albern und tiefsinnig. (…) Da wäre über dies und manches andere nachzudenken. Nur: können vor lachen.«
Arnd Rühle, Münchner Merkur, 8. Oktober 1979

Züst oder die Aufschneider. Ein Traumspiel
Besetzung: 2 Damen, 3 Herren
Uraufführung: 23.2.1981, Schauspiel Frankfurt Kammerspiele
Regie: Urs Widmer, *Ausstattung*: Hans Hoffer
Mit Edgar M. Böhlke, Sigi Schwientek, Patricia Litten, Ulrich Hass, Manuela Alphons
Bisher nicht nachgespielt

Schwientek, Alphons, Böhlke, Hass, Litten
Foto: Abisag Tüllmann/Deutsches Theatermuseum München, Fotoarchiv

Inhalt:
Auf der Bühne wird gerade das Ende eines offensichtlich politischen Stückes gegeben: die drei Darsteller spielen nach hinten, zu einem imaginären Publikum, während vorne zum realen Zuschauerraum zwei Feuerwehrleute in den Kulissen zu sehen sind. Über die Beine des einen, schlafenden Mannes stolpern die beiden abgehenden Schauspielerinnen, während der noch agierende Schauspieler sich, auf einer Bombe sitzend, in die Luft sprengt. Im nächsten Augenblick ist die Bühne, bei gleicher Dekoration, verwandelt: die beiden Männer kommen nun als privat gekleidete Akteure auf einen öden Berg. Dort treffen sie nacheinander auf die Personen aus dem Stück im Stück, ohne sie jedoch gleich zu erkennen. Ein vielfältiges Spiel um persönliche Erinnerungen, Eroberungen und politische Hintergründe entsteht, in dem sich immer wieder neue Beziehungskonflikte und Konstellationen ergeben. Die Personen tauschen ihre Schuhe, auch ihre Kleider – werden sie deshalb zu anderen Menschen? Wie in einem Traum gefangen, können sie nicht mehr aus der Handlung austreten. Als am Schluss die Bühnensituation sich plötzlich nochmals verkehrt, ist das theatrale Welt-Ende einer realen Theater-Feuersbrunst gewichen.

Textprobe:
ALBERT *über Eugen* In Spanien zog er manchmal barfuss los und kam tagelang nicht zurück, und plötzlich saß er wieder neben mir im Graben, mit einem faschistischen Maschinengewehr unterm Arm und dem Gesicht voll Lippenstift.
EVA Der?
Anna nimmt Horst die Schuhe aus der Hand.
HORST *verachtungsvoll* Spanien.
ANNA Sind das schöne Schuhe.

ALBERT Jawohl, mein Herr, ein paar tausend Deutsche sind nach Spanien, erst heute denken alle, es sind alle zur Legion Condor gegangen.
HORST Olé.
ALBRT Deutschland war voll von Nazis, Italien, und in Frankreich fings auch schon an.
HORST Es gibt immer wieder welche, die sind so sicher, dass sie recht haben, dass sie um die halbe Welt rennen, um jemandem ihr Glück zu bringen.
ALBERT Wir diskutierten vor jedem Kampf, wo wir kämpfen wollten, und ob.
ANNA Darf ich?
HORST Und in der Zwischenzeit kamen die andern und brachten euch um.
ALBERT Genau.
HORST Olé.
Anna zieht Horsts Schuhe an.

Der Autor zu seinem Stück:
»In ZÜST ODER DIE AUFSCHNEIDER treten ein paar traurige Menschen und mindestens ein ernster auf. Deshalb möchte ich hier ein paar Bemerkungen über die Trauer und den Ernst machen, die schon deshalb fragwürdig sind, weil ich dabei dauernd von *den* Deutschen spreche. Soll ich mich damit entschuldigen, dass *die* Schweizer (ich bin einer) einst sogar *der* Deutsche sagten, und *der* Deutsche zu jener Zeit von *dem* Russ redete? (…)
Dass *die* Deutschen unfähig seien zu trauern, dieser Satz fluppscht uns inzwischen wie ein Sprichwort über die Lippen. Es fasziniert mich aber tatsächlich, dass ich nie im Sinne von *nie* jemanden kennengelernt habe, der, mit wieviel Scham, Reue, Triumph oder Verbortheit auch immer, von sich gesagt hätte, er sei ein Nationalsozialist (gewesen). Natürlich weiß man von Nazis, immerhin war der

Präsident der Republik einer, aber man spricht nicht davon. Es ist unfein, wenn auch nicht sehr. (...)
Immer größer wird mein Erschrecken hier, weil ich eben doch einst die glatte Oberfläche für die ganze Wahrheit genommen habe. Alle sind ja so nett und gesund. Aber ich kenne kaum einen, der nicht eine zerrissene private Geschichte hätte. Jeder ist von woanders. Geboren in Breslau, aufgewachsen in Erfurt, jetzt in Frankfurt – das sind noch die harmonischsten Geschichten. Jeder hat mit so vielen Verlusten fertig werden müssen, dass ich fast verstehe, warum die Bundesrepublik ein Selbstbedienungsladen für die mit den kräftigsten Ellbogen hat werden müssen – so konnten die schmerzenden Erinnerungen immer tiefer unter vermeintlichen Entschädigungen verschüttet werden.
Trauer und Ernst. Ich kann das, was ich (ein bisschen ernst) meine, einem Traurigen leicht erklären – es ist kaum notwendig –, einem Ernsten jedoch ums Verrecken nicht. Ernst hört der zu und sagt, verstehe, echt Klasse, deine These. Es ist wie mit Dur und Moll. Wer es nicht hört, dem ist auch mit der großen und der kleinen Terz nicht geholfen.«
Aus einem Artikel für das Theater-Magazin ›Glasfront‹

Pressestimmen:
»Das Traumspiel bewährt sich als Vorlage für eine schwebeleichte, so präzise wie phantasievolle Aufführung. (...) Die beiden Brüder Albert und Eugen Züst, ehemalige Spanienkämpfer, sind seit Jahren als Feuerwehrleute am Theater beschäftigt. Im Rücken von Kunst und Phantasie, von Weltliteratur und Eitelkeit dösen sie vor sich hin. Ein Traum entführt sie himmelwärts, auf den nahen Vogelsberg, wo sie, leicht und frei und manchmal auch verzagt, über sich und die Welt sinnieren. Aufschneider sind sie, und vielleicht doch heimlich Künstler – das ist Widmers schönes, auch skepti-

sches Gleichnis. Nur auf ihrem Berg sind sie das, was sie vielleicht hätten werden können.
Der Traumberg befindet sich natürlich – auf dem Theater. Nochmals ein Gleichnis, und nicht das letzte. Doch Widmers Dialog, der Situationen aneinanderreiht wie feine Vignetten, graziös vom Sinn zum Nonsens und wieder zurück wechselt, deutet nie plump auf Gemeintes, schiebt nicht mit heißem Atem Bedeutung vor sich her. Wie in einer großen Schachtel stecken in seiner Traumgeschichte viele kleine Geschichten.«
Ingrid Seidenfaden, Münchner AZ, 25. Februar 1981

»Das Nebeneinander von Kulturbetrieb und normaler Welt gibt viel Anlass zu Parodie und Groteske. Das wird, in träumerischer Überzeichnung, vom regieführenden Autor auch ausgekostet bis zur blanken Clownerie, aber ebenso sind die Figuren schauspielerisch höchst vielschichtig angelegt, zwischen Realität und Gefühlswelt brillant changierend. (...)
Aber um die beiden Feuerwehrsleute geht es letztlich natürlich nicht. Über die aktuellen Ereignisse und Namen hinaus werden hier, verzweifelt lustig, unser Leben und unsere Gegenwart verhandelt, die Gefühle von Frustration, die gesellschaftlichen Illusionen und Enttäuschungen, die Flucht in eine heile Welt des Traums. Alles verschlüsselt, dennoch – und das ist das Besondere – leicht wie ein Spiel.«
Wiesbadener Kurier, 25. Februar 1981

DER NEUE NOAH
Besetzung: 1 Dame, 4 Herren
Uraufführung: 11.2.1984, Schauspielhaus Zürich (schweizerdeutsche Version: DR NEU NOAH)
Regie: Urs Widmer, *Bühne*: Hans Eichin, *Kostüme*: Claudia Thielicke, *Musik*: Peter Zwetkoff
Mit Ruedi Walter, Peter Arens, Maja Stolle, Inigo Gallo, Peter Brogle
Weitere Inszenierungen in Deutschland und der Schweiz
Fernsehaufzeichnung (SRG 1985)

Arens, Gallo, Walter, Stolle   Foto: Simone Kappeler/Stadtarchiv Zürich

Inhalt:
Bei sintflutartigen Regenfällen sucht ein Priester, einer Erleuchtung folgend, Zuflucht im chic renovierten Bauernhaus eines Agronomieprofessors und seiner jungen Frau Rita. Nicht nur, dass er sich im Kamasutra auskennt, ist ungewöhnlich. Unbeschwert legt er seine durchnässte Soutane ab und den Morgenmantel des Hausherrn an. Auch der Nachbar, in dem der Ehemann einen Nebenbuhler vermutet, kommt durch den Regen, und das Auftauchen der beiden Männer stiftet einige Verwirrung, zumal auch mysteriöse Anweisungen per Telex eintreffen, nach denen der Professor normalerweise Gefälligkeitsgutachten für die Chemieindustrie erstellt. Dann tritt Noah auf, der für eine neue Fahrt der Arche ein Menschenpaar abholen will: Rita und den unkonventionellen Priester. Der Professor und der Nachbar schmuggeln sich an ihrer Statt auf die Arche, die davonfährt, während die Zurückgebliebenen dem Gesang der Tiere lauschen und die Sonne aufgeht.

Textprobe:
RITA Verstehen Sie das?
NOAH Natürlich.
RITA Eine chiffrierte Botschaft?
NOAH Neinnein, nicht chiffriert, so haben früher alle gesprochen.
RITA Wann früher?
NOAH Vor dem Turm zu Babel. *Gestresst.* Er ist wie alle, der Herr, er hat einen Einfall, Arche bauen, einschiffen, für ihn ist das gelaufen, aber ich muss den ganzen Kram organisieren.
PROFESSOR Verstehe ich das richtig, Herr Nabbefelt ist Gott?
NOAH Nein. *Er zeigt auf den Telex.* Er.
PROFESSOR Der hier?
NOAH Obviously.
RITA Seit sieben Monaten steht der liebe Gott bei uns im Zimmer, und wir haben es nicht gemerkt.

Der Autor über sein Stück:
»Apokalypse also: die Sintflut ist eine nahe liegende Chiffre für unser endzeitliches Denken, und warum sie mir eingefallen ist, liegt auf der Hand. Die Erdgeschichte gleicht derzeit einem bösartigen Trichter, und wir scheinen der letzte Sand zu sein, der im Loch vergurgelt. Dennoch: obwohl das Stück mit dem Ende spielt, oder am Ende, spricht es eher von Anfängen. Anstelle eines weiteren Menetekels versucht es, scheu fast, eine neue Hoffnung auf die Wände zu schreiben. Das hat mehrere Gründe, einer liegt in meinem Temperament, ein anderer darin, dass alle Warnungen (im Theater, in den Büchern) längst ausgesprochen sind. Wir wissen es. Es ist tragisch, dass Themen, und seien sie unser kollektives Sterben, sich ästhetisch erledigen können, auch wenn sie real weiter bestehen. (…) Ich bin überrascht, dass mir so etwas wie ein religiöses Stück unterlaufen ist, kein dogmatisches allerdings. Vermutlich gibt es im Diesseits nicht mehr allzu viel Raum für die Hoffnung. (…) Ja, zuweilen sieht es fast so aus, als sei das Schreiben selbst (weil es Zukunft braucht) bedroht, an einem erdrückenden Mangel an Zukunft zu ersticken. Ein Thema, das ins Jenseits weist, scheint es mir möglich gemacht zu haben, noch einmal unbelastete Phantasie in Fahrt zu setzen. (…) Und alles im Dialekt! (…) Heute haben wir den Mundartboom. (…) Einerseits gefällt mir das, andrerseits wächst in mir eine Sorge, so etwas wie DR NEU NOAH könnte als ein Teil des überall spürbaren Abschottungsprozesses missverstanden werden. Wir wollen immer weniger von den anderen wissen. Die neue Verprovinzialisierung könnte auch auf die Kunst übergreifen und ihr schreckliches Endstadium wäre: »Schweizer schauen Schweizer Autoren an!« Es geht nicht darum, Hamlet zu einem Zürcher zu machen, sondern darum, in unserer Sprache, mit unseren Mitteln auf die Höhe eines Hamlet zu gelangen. Es könnte sein, dass das noch eine Weile dauert.«
Aus dem Programmheft des Schauspielhauses Zürich Nr. 9, Saison 1983/84

Pressestimmen:

»Fast bis zum Schluss bleiben sowohl die Figuren wie die Zuschauer im ungewissen über die Identität des Priesters, des Unbekannten. Und aus dieser Ungewissheit und aus dem Warten auf Noah hat Widmer die ganze Dramaturgie seines Stücks entwickelt – eine Dramaturgie, die von ferne an jene von Becketts GODOT-Stück erinnert und doch eine ganz eigenständige ist. Fast alles, was in dieser Komödie schwankhaft anmutet, hat damit zu tun: das Verwechslungs- und Verkleidungsspiel, die Situationskomik, die peinlichen Selbstentblößungen. Aber auch die zweite, weniger offenkundige Dimension des Stückes leitet sich letzlich von der Erscheinung des Unbekannten her: jenes Überwirkliche, Visionäre, das sich zuletzt ins Prophetische steigert. Denn die Anwesenheit des Priesters bereitet das Eintreffen eines anderen vor, des biblischen Noah, der zwar die Falschen auf seine Arche mitnimmt, aber vor unseren Augen die Richtigen neu anfangen lässt. Mit der ihm eigenen Phantasie und Theaterbegabung hat Widmer so aus gegensätzlichen Elementen ein Ganzes geschaffen, eine ernste Komödie, ein volkstümliches Unterhaltungsstück zum Nachdenken, ein zeitkritisches Endspiel mit Zukunftsperspektive, ein Mundartstück schließlich, in dem der Dialekt sowohl alltäglich vertraut als auch poetisch kunstvoll klingt.«
Neue Zürcher Zeitung, 13. Februar 1984

»Urs Widmer gelingt es in seinem solid gebauten, durch einen lebendigen Dialog sich auszeichnenden Stück, der Heiterkeit zu ihrem Recht zu verhelfen, ohne sich in den Niederungen des Dialektschwanks zu verlieren, und gleichzeitig eine ernstere Dimension anzuschneiden, ohne gleich in eine deutsche Grübelei zu geraten.«
Die Bühne, April 1984

ALLES KLAR
Besetzung: 2 Damen, 6 Herren
Uraufführung: 31.12.1987, Theater am Neumarkt, Zürich
Regie: Rolf Lyssy, *Bühne*: Renato Utz, *Kostüme*: Gabriela Wernbacher, *Musik*: Uwe Lohse
Mit Christian Pätzold, Sigrid Pawellek, Liliana Heimberg, Michael Evers, Bernd Braun, Klaus Lehmann, Helmut Vogel, Albert Freuler
Bisher noch zwei weitere Inszenierungen in Deutschland und der Schweiz

Heimberg, Lehmann, Pätzold, Evers Foto: Cristina Zilioli

Inhalt:
Der Wein braucht Zeit, um atmen zu können. Die bekommt er aber nicht bei den Schmitts. Sie saufen ihn weg und ihre Angst hinunter. Sie sind gewohnt ihre Pflicht zu tun und ihre geheimen Wünsche zu vertuschen. Nur einer hat das nicht mehr ausgehalten, ist Amok gelaufen, hat vier Kollegen im Büro umgelegt und ist nach Marseille verschwunden. Doch kommt dieser Mörder Hinze unerwartet zu Besuch bei seinem Ex-Kollegen Schmitt, weil ihm ein Kriminalbeamter auf der Spur ist. Der wiederum ist der neue Geliebte von Schmitts Tochter Lili, die ihn prompt anschleppt. Inzwischen ist auch der Bürovorstand Meier eingetroffen, von dem Schmitt argwöhnt, dass er ein Verhältnis mit seiner Frau hat. Infolge einer Verwechslung will der junge Polizeimann partout nun Meier anstelle von Hinze verhaften.

Man zieht vor den Richter, der spricht den Amokläufer frei, weil er selbst in Schwierigkeiten steckt: er hat eine Bank überfallen, ließ dabei sein Toupet zurück, das der Polizist an sich gerissen hatte, und flüchtete unerkannt mit der Straßenbahn.

Zuletzt finden sich die braven Bürger mit Mörder und Richter wieder in der netten Wohnung bei Schmitts zu reichlich Wein und Sexualphantasien; ein besoffener Gerichtsdiener spricht sie alle frei und die Polizei, die das Haus umstellt hat, könnte eigentlich die stets offene Wohnung stürmen.

Textprobe:
HANS Sicher war er einsam, schrecklich einsam, aber das weiß man erst jetzt, andererseits, wer ist nicht einsam.
GERTRUD Ich.
HANS Er kommt rein und hat eine Pistole in der Hand und richtet sie auf mich und sagt Du nicht.
MAX Natürlich nicht.

GERTRUD Mit zwölf war ich in einem Jugendlager auf dem Weißfluhjoch, zweitausend Mädchen zweitausend Meter über Meer, da bist du einsam, das kann eine allein gar nicht.
MAX Ach hör auf, der Hinze ist kerngesund, der spinnt einfach.
HANS So kann mans sagen. Du nicht, sagt er, aber ich seh, wie sich sein Finger schon krümmt. Dann geht er ins andere Zimmer zum Müller und erschießt ihn, ohne ein Wort zu sagen. Rennt an mir vorbei, durch den Korridor, kehrt um, geht ins Zimmer vom Weber und erschießt ihn. Zwei. Geht raus, nimmt den Fahrstuhl in den dritten Stock, geht zur Koller, sagt Sie! Sie! Sie!, dreimal, und erschießt sie. Drei. Geht zu Fuß die Treppe hinunter, und noch immer hat niemand die Polizei. Ich schon gar nicht.
MAX Ich geh schon deshalb immer zu Fuß...
HANS Warum hat er eigentlich dich nicht erschossen?
MAX ...erstens ist es gut für den Kreislauf...
HANS Ich bin doch nur A4 wie er, du bist doch der Chef vom Amt.
MAX Einmal am Tag musst du an die Grenze kommen in unserem Alter.

Der Autor zu seinem Stück:
»Als ich mit ALLES KLAR anfing, dachte ich nicht im geringsten daran, ein Stück über die normal gewordene Gewalt zu schreiben, eine Farce gar. Ich wollte eher auf unser alltägliches Missverstehen hinaus, jenes unbeirrbare Immerdrauskommen, das unsre kollektive Angst, wir könnten am Ende gar nicht die Macher, sondern die Opfer sein, so wirkungsvoll zudeckt. Ich hatte den Kern des Stücks selbst erlebt. Saß mit einem Freund und zwei zufälligen Bekannten am Tisch, und ein paar Minuten lang redeten wir alle etwas gänzlich Verschiedenes, uns vermeintlich prächtig verstehend und uns immer wieder begeisternd zunickend, weil jeder dachte, sein

Gegenüber reagiere auf *seine* Geschichte. Aber dieses freute sich in Wirklichkeit an einer ganz anderen. Das Missverständnis verschwand dann im Meer des weiterplätschernden Gesprächs, ohne jemals aufgeklärt worden zu sein. Unsre prima Laune blieb unangetastet. Das machte mich so nachdenklich – zufällig hatte ich dieses Ungeheuer aus Loch Ness bemerkt; wie oft war ich schon sein Opfer gewesen? –, dass ich nach Hause ging und das Zufällige systematisierte. Ich ließ mich schreibend treiben und kümmerte mich kaum um irgendwelche Inhalte; ließ mich von ihnen überfallen, weil ich an der Form interessiert war; wachte am Ende auf und sah, dass ich nicht nur ein Stück über das Missverstehen geschrieben hatte, sondern auch eins über unsern Umgang mit der Gewalt; den Verlust eines für uns alle gleich geltenden Rechts; die normal gewordene Panik. Ein Stück über das Aus-den-Fugen-Gehen von *allem* eigentlich. Es war, als zöge mir jemand – ich mir selber? – ständig einen Teppich unter den Füssen weg. Eigentlich nur Hinze, der fast gegen meinen Willen in mein Stück eingedrungene Mörder, behielt einen Rest von Erdenschwere: weil ich bei ihn nicht in Zweifel zog, das er getan hatte, was das Stück behauptet, er habe es getan? Weil wir uns wenigstens auf *etwas* verlassen können? Beruhigt uns sein Drama beinahe, weil er wenigstens *handelt* und weil seine Handlungen, so tödlich sie sind, nachvollziehbar sind?
Eine Farce: wieso geraten Erinnerungen an tragische Ereignisse fast notwendig zu etwas zum Verzweifeln Komischem? Weil ihre Diagnose – mag sie falsch sein; aber wer will heute noch recht behalten – sonst nicht auszuhalten wäre? Weil uns das Lachen einen letzten Rest Souveränität zu lassen scheint? Tatsächlich kommt mir – im nachhinein – dieser ganze Trubel wie das Treiben auf einem untergehenden Schiff vor. Jeder sucht erfolglos nach dem Strohhalm einer letzten Gewissheit.«
Aus dem Programmheft der Uraufführung

Pressestimmen:
»Widmer kennt seinen Feydeau, den er auch schon übersetzt hat. Dessen Schwänke sind Salon-Maschinen, bei Widmer läuft das Requisiten- und Türenstück nur noch schneller, wobei Stichworte und burleske oder ganz alltägliche Wahnsinnsgeschichten die Türen sind. Die Personen erwischen immer die falsche, fallen mit der Tür in fremde Geschichten, geben sich die Klinken in die Hand. Oder: jeder hat ein Programm auf seinem inneren Fernsehkanal, Widmer drückt die Fernbedienung. Es ist wie mit der ausgeklügelten Verkehrskanalisierung, die im Chaos mündet. Wenn das Fenster von Schmitts Stube offen ist, hört man den Wahnsinn. Beim Lesen des Stücks kann man sich öfters schief lachen und ebenso ernst werden über solchen Erkenntnissen: Wem nicht zugehört wird, der schießt, das hört man immer. Und: Mit Worten kann man einander fertigmachen. Es ist zum Schiessen. Die brutale Redensart, die das Gaudi meint, trifft ins Zentrum des Stücks.«
Günther Fässler, Luzerner Neueste Nachrichten, Januar 1988

»In Zürich wurde ALLES KLAR wie eine wahnwitzige Vaudeville-Komödie gespielt. Jörg Hube, der Regisseur der deutsche Erstaufführung am Schwabinger TamS, hat eine flotte Spießer-Farce auf die Bühne gestellt, die auch ganz ohne die Beziehung auf den wahren Fall prächtig funktioniert und Wirkung macht.
Mit äußerster Präzision werden am TamS die aberwitzig verrückten Dialoge serviert, in denen die Missverständnisse, das Aneinander-vorbei-Reden, die Wortspiele zu Pointen-Girlanden aufgereiht werden. Da flattert nichts, gibt es keine falschen Drücker; der Wahnsinn hat Methode und treibt ganz leichthin auf das orgiastische Chaos zu. Da wird gefressen und gesoffen, eifersüchtig und lüstern werden Bettgeschichten aufgewärmt und fröhlich – mit Dubidu – dem Seitensprung gehuldigt. Die Masken fallen, während man sich rote Nasen ins Gesicht steckt, und greinend und

lachend versinkt man im Sumpf der wahren Lüste und Vergnügungen. Alles ist Spaß, auch wenn es blutiger Ernst ist, alles endet in einverständiger Harmonie, auch wenn Aggression und Angst jeden umtreibt. Schreckgespenster sind das, von unangefochtener Normalität, anarchistische Lemuren im Spießergewand.«
Thomas Dieringer, Süddeutsche Zeitung, 6. Juni 1988

DER SPRUNG IN DER SCHÜSSEL. FARCE IN ZWEI AKTEN
Besetzung: 2 Damen, 2 Herren, jeweils in Doppelrollen, 1 Polizist
Uraufführung: 24.10.1990, Theater am Sozialamt München
Regie: Annette Spola, *Bühne und Licht:* Eberhard Kürn, *Kostüme*: Juliane Grüneklee
Mit Irmingard Gillitzer, Anton Hörschläger, Beate Wieser, Christoph Krix, Michael Heininger, Oliver Brandt, Martin Mittelmeier, Domenick Gualno
Bisher nicht nachgespielt

Hörschläger, Gillitzer, Heininger   Foto: Ibab Kunkel

Inhalt:
1968. Die Eltern sitzen vor dem Fernseher und schauen sich eine Liveübertragung einer experimentellen Ödipus-Produktion an. Der Kühlschrank mit dem Bier steht im Wohnzimmer: »Man verpasst nichts und hat doch zu trinken«. Die Kinder gehen demonstrieren – und brechen ins Studio nebenan ein. Die Sendung wird von vermummten Jugendlichen mit Transparenten gestört. Die Darsteller suchen Zuflucht bei den Eltern, denen sie aufs Haar gleichen. Auch die Kinder kommen zurück. Ein Versteck- und Verwirrspiel beginnt.
Zwanzig Jahre später versammeln sich alle wieder in der gleichen Wohnung. Die Eltern sind im Heim, die Kinder sind verstaubt und leben wie ein altes Ehepaar. Das Aufbegehren von damals ist nur noch eine vage Erinnerung an aufregendere Zeiten. Die Schauspieler synchronisieren eine achtzigfolgige thailändische Arzt-Serie. Immerhin vergnügt man sich ungezwungener.
Ein technisch virtuoses Stück und eine rasante Slapstick-Komödie über Utopie und Revolte und was aus ihr geworden ist. Zwei Schauspieler und zwei Schauspielerinnen spielen acht Rollen auf zwei Zeitebenen.

Textprobe:
JUNGE 2 *zu Mädchen 2* Wenn sie den *Name* und die *Name* geschnappt haben, vielleicht kriegen die lebenslänglich in so m volkseigenen Gefängnis. Wenn wir jetzt schnell genug ins Studio rüberwetzen, kriegen wir alle ihre Rollen.
MÄDCHEN 2 Aber da sind wir doch viel zu jung dafür.
JUNGE 2 Während der Revolution sind alle zu jung. Da kommts darauf an, dass du das Richtige sagst, nicht, dass du der Richtige bist.
MÄDCHEN 2 Wir haben keine andre Wahl. Gehen wir. *Ab.*
JUNGE 2 Auf Wiedersehen. Und danke fürs Bier. *Ab.*

MANN 1 Adieu.
FRAU 1 Vielleicht hätten wir ihm doch eine warme Milch geben sollen.
MANN 1 Einen Schnuller. Und diese Göre hat nicht mal Auf Wiedersehen gesagt.
FRAU 1 Jetzt habe ich die Autogramme vergessen, die hätten uns sicher eins gegeben, in zwanzig Jahren ist auch denen ihrs wertvoll.
MANN 1 Was willst du in zwanzig Jahren damit noch anfangen?
FRAU 1 Hör mal, in zwanzig Jahren fang ich erst richtig an, hast du noch nie was von Alterssexualität gehört?
MANN 1 Manchmal kommts mir so vor als sei ich mitten drin.
FRAU 1 Mit zwanzig ists toll, dann mit sechzig wieder. Dazwischen ist es so so la la.
MANN 1 Wieso?
FRAU 1 Kinder, Arbeit, du liest die Zeitung und stellst dir vor, wer dich zuerst in die Luft sprengt, die Amerikaner oder die Russen. Wie willst du da fröhlich sein im Bett?

20 Jahre später; vor dem Fernseher.

MÄDCHEN 1 Wir platzten alle vor Energie, damals. Wie hießen die, die Alten?
JUNGE 1 Waren echte Stars zu ihrer Zeit.
MÄDCHEN 1 Müssen Greise sein heute. *Sie schauen.* Damals fand ich so was überhaupt nicht gut, aber überhaupt nicht.
JUNGE 1 Wir hatten anderes im Kopf. Kann mich kaum noch erinnern, was.
MÄDCHEN 1 Ich schon. Nicht das da.
JUNGE 1 War irgendwie schon ganz gut damals, nicht?
MÄDCHEN 1 Es war großartig.
JUNGE 1 Ich fühlte mich irgendwie, öh, befreit.
MÄDCHEN 1 Weiß Gott.

JUNGE 1 Von, von was, weißt dus noch?
MÄDCHEN 1 Natürlich. Von der repressiven Gesellschaft.
JUNGE 1 Genau. Von der repressiven Gesellschaft.

Der Autor zu seinem Stück:
»Es hat ein Riesenvergnügen bereitet, es zu schreiben, weil es ganz extrem, geradezu hemmungslos auf den Boulevard-Mechanismen beruht. Ständig tritt einer ab und einer auf, und es ist immer der Falsche im falschen Augenblick. So etwas kann man nicht mit Schweiß erarbeiten. Das läuft entweder oder es läuft nicht, es geht schnell oder gar nicht. (…) In DER SPRUNG IN DER SCHÜSSEL liegt die Kraft der Komik durchaus darin, dass politisch brisante beziehungsweise existentielle Fragen in einem hemmungslosen Slapstick-Stil abgehandelt werden.«
Im Interview mit Peter Schweiger

Pressestimmen:
»Urs Widmer zeigt sich einmal mehr als hintersinniger Verpackungskünstler: seziermesser-scharfe Zeitkritik mit schwebeleichtem Witz ins Zuschauerhirn transportiert.
Keine vergrübelte, erdschwere Bestandesaufnahme zur Seelenlage der Post-68er. Widmer hängt seine Zeitgeschichtsanalyse am ganz normalen Wahnsinn einer Durchschnittsfamilie auf, beleuchtet sie im Abstand von gut zwanzig Jahren, um untern Strich zu dem Ergebnis zu kommen: der 68er-Virus hat zwar zu kurzem Erneuerungsfieber geführt – doch was bleibt, sind die üppig wuchernden Privat-Neurosen.«
Sabine Adler, tz München, 26. Oktober 1990

»Dem Melancholiker präsentiert sich die Welt als fröhlich-absurdes Irrenhaus, in dem die kritischen Ansätze von damals schnell zur Selbstdarstellungsshow degenerierten. Die Gesellschaft sollte da-

mals verändert werden, und sie hat sich ganz anders geändert. Statt Freiheit dumpfe Libertinage und aggressiver Frust auf allen Gebieten. Statt zu demonstrieren geht man nun in den Zoo, die Affen schauen verwundert zurück. (…)
Urs Widmer packt alles in sein Stück hinein, was diese unsere Welt zur besten aller möglichen macht, und jagt mit immer wilderen Bewegungen auf das bittere Ende zu. Die Farce, die mit ihrer Mechanik alle Wahrscheinlichkeit übertrumpft, bietet ihm die passenden wilden Mittel. (…)
Man spielt mit dem Theater, als wäre dieser Irrsinn ganz normal: leise, selbstverständlich, hinterhältig, augenzwinkernd. Und mit einem Witz, der nur am TamS zu finden ist. Die Wände wackeln, biegen sich, als ginge ein Erdbeben durchs Haus; keiner nimmt Notiz davon. Figuren steigen aus dem Spiel ins richtige Leben, als wäre das ganz selbstverständlich. Der Wechsel der Spielebenen, der Dialog mit dem ›Fernsehen‹ – ein leichtes Spiel.«
Thomas Thieringer, Süddeutsche Zeitung, 26. Oktober 1990

»Der Theateranarchist Widmer hat hier wieder ein perfektes, anspielungsreiches Dialogstück geschrieben, das einen kritischen, witzigen und absurden Blick auf eine Epoche deutscher Geschichte eröffnet und darauf, was aus ihr geworden ist.«
Traian Grigorian, Applaus München

FRÖLICHER – EIN FEST
Besetzung: 2 Damen, 21 Herren, 1 Kind, Chor. Mehrfachbesetzungen möglich
Uraufführung: 3.4.1991, Vaudeville Theater Zürich (im Theaterhaus Gessnerallee)
Regie: Stefan Viering, *Bühnenbild*: Ruedi Schärer, Hans Gloor, *Kostüme*: Monica Schmid, *Musik*: Susanne Hinkelbein
Mit René Ander-Huber, Helmut Vogel, Klaus-Henner Russius, Michael Heinsohn, Albert Freuler, René Peier, E. Heinrich Krause, Oscar Bingisser, Nicolas Weidtman, Andreas Döring, Roeland Wiesnekker, Liliana Heimberg u.a.
Bisher nicht nachgespielt
Fernsehaufzeichnung (SRG/ 3-sat 1993)

Russius, Krause, Heinsohn   Foto: Lucia Degonda

Inhalt:
Im Zentrum des Stücks steht die historische Person Hans Frölicher, der Schweizer Gesandte in Berlin von 1938 bis 1945. Bei Empfängen und auf Jagdpartien unterhielt er beste Kontakte zu allen Nazigrößen und sorgte damit unter anderem für volle Auftragsbücher bei der Schweizer Industrie. Als er nach dem Krieg zurückkehrt, wird er allerdings keineswegs als Held gefeiert, der die Schweiz vor einem Angriff bewahrte, sondern als brauner Anpasser abserviert.

Zwischen damals und heute, zwischen Berlin und der Schweiz bewegt sich das Stück ziemlich unverfroren und munter hin und her und verwebt die komplexe historische Wirklichkeit der Schweizer Politik zwischen Verstrickung und Abgrenzung zu einer tragischkomischen Satire, die in einem aberwitzigen Fest endet.

Textprobe:
WAIBEL *erregt* Jedenfalls gab es kaum einen Nazi, bei dem Sie sich nicht wohl gefühlt haben.
FRÖLICHER Ich *musste* mit ihnen sprechen. Das war mein Beruf.
HÄBERLI Das war Ihre Neigung.
FRÖLICHER Zwei Heilige. Der heilige Häberli und Sankt Waibel. Und daneben gleich noch le Saint Général.
GENERAL GUISAN Monsieur. Beherrschen Sie sich.
FRÖLICHER Nicht Ihre hohe Moral hat die Schweiz gerettet, sondern meine niedere Unmoral. Tag für Tag. Drecksarbeit, kann sein, aber wirkungsvolle.
HÄBERLI Sie haben sie genossen, Ihre Drecksarbeit, und alle seid Ihr reich geworden.
FRÖLICHER Ich bin nicht reich geworden.
HÄBERLI Sie waren es schon.

Der Autor zu seinem Stück:
»Es ist dabei gar nicht so einfach zu sagen, wie deutlich er ein ›alter Nazi‹ gewesen ist – das ist sein Ruf –, weil er sich in einer durchaus monströsen Vermischung von Allem mit Allem unbefangen auch als Schweizer Patriot gefühlt hat. (…) Wahrscheinlich sah Frölicher die Unterschiede gar nicht so genau. Demokrat oder Faschist, Jacke wie Hose. (…)
Vor nicht sehr langer Zeit war es schwierig, wenn nicht fast unmöglich, in einem Stück Hitler oder den General Guisan auftreten zu lassen. Sie waren so überwältigend zeitgenössisch, dass jeder Versuch nur zur Fälschung werden konnte. Als ich nun aber, zögernd und neugierig, Guisan und Hitler auf meine innere Bühne schubste, merkte ich sehr bald, dass inzwischen ›etwas‹ geschehen war. Zeit ist vergangen, Abstand scheint gewonnen. (…) Die Figuren hatten keine Kraft mehr, mich dadurch zu terrorisieren, dass jede ihrer Handbewegungen belegbar sein musste. Ich konnte – mit jener Verantwortung, die nicht alles zulässt – Geschichte erfinden. Ich erfand also Hitler und Guisan, und gewiss habe ich auch Frölicher erfunden. Ich habe ihn zum Beispiel klüger gemacht, als er war, bewusster.
Denn das Irritierende an diesem Karrierediplomaten – geschniegelte Frisur auch wenn's stürmt, und immer eine gute Laune – besteht darin, dass er oft ›recht behalten‹ hat. Für ihn bestand der Kern seiner Arbeit darin, die Schweiz heil durch den Krieg zu bekommen – und die Schweiz *ist* heil durch den Krieg gekommen.«
Aus dem Programmheft des Vaudeville Theaters

Pressestimmen:
»An diesem Abend wohnte man der Geburt der Geschichte aus dem Geist der Komödie bei. (…) Ohne sich auf eine historische Diskussion einzulassen, gelingt es Widmer, durch alle Elemente der Farce und der spitzen, die damaligen auch helvetischen Unzuläng-

lichkeiten entlarvenden Satire etwas vom Dilemma des schweizerischen Gesandten spürbar zu machen. (…) FRÖLICHER – EIN FEST oder: der Sieg des Theaters über die Weltgeschichte.«
Neue Zürcher Zeitung, 5. April 1991

»Frölicher war ein vernünftiger Mensch, hatte nichts grundsätzlich gegen die Nazis, sein Demokratieverständnis war das der Schweizer Oberklasse – also elitär und autoritär. Frölicher war ein ganz normaler Mensch und Schweizer. Das ist für ein Dreistundenplädoyer ein bisschen wenig Stoff. Aber der Autor heißt Urs Widmer, und das Schöne an Urs Widmer ist, dass auch in seinen dünnsten Geschichten ganz zauberhafte Menschen vorkommen, mit denen man sich sofort anfreundet. (…) So viel Theater an einem Abend, so viel Musik, so viel Lichtzauber, so viel szenische Überraschungen, so sicher und pointiert geführte Figuren, so viel Fluss, so viel Ironie, Spott, Hohn, das hatten wir, glaube ich fast, in Zürich überhaupt noch nie.«
Reinhard Stumm, Basler Zeitung, 6. April 1991

»Dieses Kapitel Weltgeschichte stellt Widmer als Welttheater dar, schwankend zwischen Greuel und Grinsen, zwischen Massakern und Masken. Die Realität wird zur katastrophenerfüllten Operette, die Geschichte als Farce entlarvt. (…) In den Ansätzen erinnert manches an DIE LETZTEN TAGE DER MENSCHHEIT von Karl Kraus, ohne dessen sprachliche Subtilität zu erreichen. Widmer ist handfester und greller, aber auch unmissverständlicher. (…) Widmer hat ein Maximum an theatralischer Wirkung und szenischer Imaginationskraft entwickelt.«
Thomas Terry, Bühne Wien, 6/1991

»Das ist nicht nur eine bös-unterhaltsame Revue à la Zadek mit einem impotenten Hitler und seiner Eva Braun als singender Nazi-

Sirene; da halten nicht nur zwei Offiziere des Schweizer Nachrichtendienstes die Zuschauer geschickt auf dem historisch Laufenden; da hat Widmer nicht nur überaus präzise eine Unzahl von Charakterprofilen mit den dazugehörigen Berufsneurosen herausgearbeitet und ihnen dabei noch einen liebenswerten, menschlichen Anteil gelassen. Da ist die Revue auch in sich dramaturgisch klug aufgebaut durch eine innere Entwicklung zur Gegenwart hin. Zum einen stellt in der Schlussfassung, die der Zürcher Inszenierung noch nicht vorlag, ein Chor gegen Ende immer dringlicher die Frage nach dem Glück. Zum zweiten führt Widmer zwei Kellner ein, wie sie George Tabori nicht irrwitziger hätte erfinden können.«

Christine Richard, Theater heute 7/1991

JEANMAIRE. EIN STÜCK SCHWEIZ
Besetzung: Großes Männerensemble, 3 Damen
Uraufführung: 23.10.1992, Bern, Lukas Leuenberger Produktion
Regie: Rolf Lyssy, *Bühnenbild*: Ruedi Schärer, *Kostüme*: Marion Steiner, *Musik*: Mario Beretta, *Choreografie*: Paula Lansley
Mit Walo Lüönd, Pia Waibel, Helen Vita, Dinah Hinz, Götz Burger, Jürgen Brügger, Eugen Urfer, Albert Freuler, E. Heinrich Krause, Peter Richner, Michael Gempart u.a.
Weitere Inszenierungen in Litauen, Polen und in der Schweiz durch Laientheater
Fernsehaufzeichnung (3-sat 1993)

Lüönd, Urfer, Brügger   Foto: Niklaus Stauss

Inhalt:
Jean-Louis Jeanmaire, pensionierter Brigadier der Schweizer Armee und überzeugter Patriot, wird zur Zeit des Kalten Krieges überraschend festgenommen. Die CIA hat ein Leck in der Schweiz Richtung Osten geortet. Ein Verräter muss her. Jeanmaire wird Landesverrat und Spionage für den sowjetischen Geheimdienst vorgeworfen, er beharrt auf seiner Unschuld. Zwei Schutzengel fallen vom Himmel, aber helfen können sie ihm auch nicht: der eine ist fast blind, der andere für seinen Gegenspieler, den für das Justizdepartement zuständigen Bundesrat, vorgesehen. Aus den beruflich bedingten Kontakten, die Jeanmaire zum sowjetischen Militärattaché Denissenko pflegte, während seine Frau sich heftig in den charmanten Russen alter Schule verliebte, wird dem Brigadier a.D. ein Strick gedreht – das Verfahren wird zur Farce. So etwas wie Gerechtigkeit gibt es nur in der traumhaft-himmlischen Schlussszene.
Das Stück basiert auf dem historischen Fall Jeanmaires, der 1976 ohne dringenden Tatverdacht und ohne Beweise verhaftet und im folgenden Jahr zu achtzehn Jahren Zuchthaus verurteilt wurde. Von Medien und Politikern wurde Jeanmaire zu einem Volksfeind, einem »Jahrhundertspion«, einem Monster stilisiert. Er selber kämpfte bis zu seinem Tod für seine Rehabilitierung. Viele Akten, die Klarheit bringen könnten, sind zwar weiterhin unter Verschluss, aber schon bald nach seiner Verurteilung wurden eklatante Verfahrensmängel sichtbar und es drängte sich die Frage auf, ob Jeanmaire nicht zum Sündenbock gemacht wurde.
Das Plakat des österreichischen Künstlers Gottfried Helnwein, das Jeanmaire mit Offiziershut und heruntergelassener Hose zeigt, löste einen Skandal aus. Der Aushang des Plakats wurde in Bern verboten.

Textprobe:
DER BUNDESANWALT Aber wir haben doch überhaupt nichts gegen Jeanmaire in der Hand.
DER GEHEIMDIENSTCHEF Jeder Mensch hat Dreck am Stecken. Jeder, Herr Bundesanwalt. Sie müssen nur mit dem Finger darauf zeigen. Und notfalls müssen Sie den Dreck an den Stecken tun. (...) Jeanmaire.
DER BUNDESANWALT Jeanmaire. Wieso Jeanmaire?
DER GEHEIMDIENSTCHEF Er ist pensioniert. Er hat kein Kommando mehr. Er ist Luftschützler. Er ist ein hoher Offizier. Er ist dumm. Er redet zu viel. Er trinkt zu viel. Er hat keine Freunde. Er hat keine Lobby. Er hat keine Partei. Er hat einen zu hohen Blutdruck. Er hält nicht mal den Prozess durch. Geschweige denn das Gefängnis.
DER BUNDESANWALT Und er hat eine russische Frau.
DER GEHEIMDIENSTCHEF Er hat eine russische Frau?
DER BUNDESANWALT Sie ist in Russland geboren.
DER GEHEIMDIENSTCHEF Was sag ich. Er ist es.
DER BUNDESANWALT Jeanmaire. Er muss es sein. Er muss es einfach sein. *Lacht los.* Mann, Mann, Mann.

Der Autor zu seinem Stück:
»Mein Stück heißt nicht einfach nur JEANMAIRE. Es heißt, und das nicht ohne Bedacht, JEANMAIRE. EIN STÜCK SCHWEIZ. Denn es beschreibt den Fall (den ›Fall‹ in jedem Sinn des Worts) Jeanmaires, *und* es beschreibt die politische Schweiz der Sechziger- und Siebzigerjahre, jenes Klima, für das wir den Begriff ›Kalter Krieg‹ bereithaben. Es war ein kalter Krieg, der auch innenpolitisch ausgefochten wurde.
Natürlich ist ein Theaterstück kein historisches Seminar. Es ergreift insofern Partei, als ich durchaus der Ansicht bin, Jeanmaire sei, aus welchen Gründen auch immer, ›Opfer‹ geworden. Einer, der ganz

allein eine Rechnung bezahlte, für deren Höhe er nicht im entferntesten verantwortlich war. Andererseits ist es nicht meine Absicht, eine Heiligenlegende um Jean-Louis Jeanmaire zu stricken, allein schon, weil er ein ebenso kalter Krieger wie die war, die ihn in seinen Schlamassel hineinritten oder zuließen, dass er sich hineinbegab.
Ich habe also versucht, ein Stück zu schreiben, ein Stück Theater. Ein *politisches* Stück, gewiss, aber Belehrung ist nicht mein Ziel, und Polemik auch nicht. Oder nur als Hintergrund, so wie man den Big Bang mit guten Hörrohren immer noch hört.«
Aus dem Programmheft der Uraufführung

Pressestimmen:
»Widmer gelingen schwerelos-beseligte Pointen. (…) Fröhlicher – Ein Fest, vor einem Jahr vom Zürcher Vaudeville-Theater uraufgeführt, und jetzt Jeanmaire. Ein Stück Schweiz zeigen Widmers eigensinnige Variante des ehrwürdigen Genres Historienstück: wasserdicht recherchiert, auf dem letzten Stand der Nachforschungen. (…) Faktengenau werden die Ereignisse – so weit bekannt – erzählt, die Verbrechen der Mächtigen eröffnet, und doch unterläuft ein liebenswerter Wahnwitz die klaren Fronten moralischer Schuldzuweisungen und ihrer wohlfeilen Empörung. (…) Widmers Mischung aus Agentenpersiflage, Klamauk und böser Groteske schafft Distanz zur jüngsten Geschichte, überzieht sie mit historischer Patina wie alte James-Bond-Filme. Der entschlossene – dabei nie leichtsinnige – Unernst angesichts politischer Verbrechen entrückt die Geschichte des Jean-Louis Jeanmaire aus aufdringlich-zeigefingernden Aktualität in eine noch nicht abgeschlossene, aber inzwischen erinnerungsoffene Vergangenheit und ist der Gegenwart, hoffentlich, ein Stück voraus. (…)

»[Es] verbindet sich der Wahnwitz des Kalten Krieges mit Widmers sanftem Irrwitz zu einem unglaublichen Stück, das trotzdem wahr war: ein Stück Schweiz wie überall im ehemaligen Westen.«
Franz Wille, Theater heute, 12/1992

»Selbst dort, wo der Autor die dokumentarische Realität mit fiktiven Szenen und Dialogen weiterschreibt, wird der Fall Jeanmaire bis zur Kenntlichkeit verändert. So kann der Geschichtenerzähler manche Erkenntnis freier und zutreffender in Bilder umsetzen, als dies in einem Report möglich war, der sich streng an Akten und Zeugenaussagen halten musste.«
Urs Rauber, Weltwoche, 29. Oktober 1992

»Urs Widmer tut gut daran, Dokumente und Argumente in zweiundzwanzig Szenen zu bündeln und witzig, mit Songs und hereinschwebenden Engeln, ganz in Brechts Manier, als Revue zu präsentieren. Rolf Lyssys in jedem Sinn flotte Inszenierung macht den Skandal öffentlich, also auf andere Weise diskutierbar. Dies ist und bleibt das Verdienst des Unternehmens.«
Rolf Michaelis, Die Zeit, 30. Oktober 1992

SOMMERNACHTSWUT, EIN THEATER

Besetzung: 4 Damen, 3 Herren, 1 Kind
Uraufführung: 2.10.1993, Vereinigte Bühnen Graz im Rahmen von Steirischer Herbst
Regie: Peter Schweiger, *Bühne*: Ruedi Schärer, *Kostüme*: Marion Steiner, *Musik*: Peter Zwetkoff, *Puppen*: Julia Reichert
Mit Albert Tisal, Stefan Bergel, Gerti Pall, Franziska Sörensen, Sebastian Heckl, Martina Bovet, Marianne Kopatz, Wolfram Berger
Bisher nicht nachgespielt

Berger, Bergel, Tisal   Foto: Peter Manninger

Inhalt:

Der erste Schauplatz ist ein Kaspertheater: eine Autor-Puppe erzählt – mit Hilfe noch kleinerer Püppchen – ihr schönstes Theatererlebnis. Doch sie erhält in ihrem Buhlen um die Gunst des Publikums sogleich Konkurrenz in der Person des Autors, der seinerseits seine wahrhaftigsten Bühnenerinnerungen loswerden möchte. Die beiden kommen sich in die Quere und werden zudem noch durch das Auftauchen der zwei heftig diskutierenden Frau-Meier- und Frau-Müller-Puppen gestört. Dem Autor wird es zu bunt, er nützt seinen Vorsprung an Leibhaftigkeit aus und schiebt das ganze Kaspertheater kurzerhand von der Bühne – allerdings mit dem Effekt, dass sich Frau Meier und Frau Müller in ausgewachsene Mitspielerinnen verwandeln. Dazu stößt ein mit sich wegen einem Bisschen schwarzafrikanischer Erbmasse hadernder Schauspieler, der sich in eine Sängerin, die Heinetexte paraphrasierende Songs wie eine überirdische Erscheinung zelebriert, verliebt. Der Autor, der sich ebenfalls verliebt hat, wird wegen eines unbändigen Wutanfalls in eine Zwangsjacke gesteckt. Schließlich erwacht Bottom (Zettel) aus Shakespeares SOMMERNACHTSTRAUM, der den ganzen bisherigen Abend schlafend auf der Bühne gelegen hatte, und unterhält sich mühevoll, da er eine sehr eigene Art Englisch spricht, mit einer alten, scheinbar alle Zeiten überlebenden Frau. Sie versuchen sich die schlimmsten wie die besten aller Zeiten zu schildern. Die versehentliche Rückführung des Kaspertheaters erlaubt der Bottom-Puppe das Schlusslied zu singen.

Textprobe:

ALTE FRAU Das Starksein wurde das wichtigste. Die Männer trugen Helme mit Hörnern, kopfvoran, zum Aufspießen. Sie schlugen die Wälder nieder und gewannen weite Ebenen. Pflanzten eine Art von Gemüse *Schreit.* Kohl!, *Wie zuvor.* von Horizont zu Horizont. *Bottom stöhnt auf, regt sich.* Über den Wolken, bei den

Göttern, hatte sich ein weiteres Göttergeschlecht gebildet, keiner konnte sagen, wer mit wem solche Scheusale gezeugt hatte. Ungeheuer. Sie hielten sich meist über den Nebeln auf, manchmal auch darin, hatten eine Sprache wie Heulen, nasse Augen, Füße aus Stein. Bald gaben die unten im Nebel den Wochentagen ihre Namen. Städte entstanden, mit dicken Mauern, weil die Kinne der Männer zu vorspringenden Schaufeln geworden waren. *Schreit. Zu Äxten.*

BOTTOM *wacht auf.* Hrrr. Uahhh. Piiter Quinze? Fluut? Snaut? Starveling!!?? Wheer arst thau?? *Sieht die Alte Frau.* Huu is tisse? Hei, thau?? *Keine Reaktion.* Ai häw häd uan most raar wischen. Ai häw häd uan driim, past the wit of män to say watt driim it wasse. Män ist bott uan ass, if hi go abaut tu expand tisse driim.

ALTE FRAU *ohne ihn zu beachten* Die Becken der Frauen waren so wuchtig, dass sie einen Mann mit einem Hüftschwung töten konnten; und natürlich hielten die Männer sich aus den Frauen heraus, wo es nur ging. Aber unter den Betten lagen trotzdem jeden Morgen die ausgedienten Gatten.

BOTTOM The eye of män hath not häärd, the ier of män hath not consiif, nor his hart tu riport, watte mei driim wasse.

Der Autor zu seinem Stück:
»Das Stück spielt deutlich auf den SOMMERNACHTSTRAUM von Shakespeare an, aus dem ja die eine Figur, der Bottom, sozusagen übriggeblieben ist, als hätte er von damals – 1596 – just bis heute seinen Schlaf durchgeschlafen, und jetzt wacht er auf, der Esel Bottom. Und nicht grundlos habe ich den und diese Szene gewählt. Ich halte sie für eine der wunderbarsten von Shakespeare. Und sie ist auch unglaublich modern. Bottom wacht auf und sagt: ›Ich habe einen Traum gehabt. Ich habe geträumt, ich bin ein Esel.‹ Dabei ist er ein Esel (ist er in einen Esel verwandelt worden). Das hält er aber nicht für möglich und analysiert in einer vollkommen modernen

Weise – wie es ein Psychoanalytiker tun würde – seinen Traum. Und mit jedem Analyseschritt entfernt er sich von der vollkommen richtigen Erkenntnis, nämlich, dass er ein Esel ist. Er kommt zu einer Lösung, die ihn befriedigt und die sehr weit von der Wirklichkeit entfernt ist. Ich denke, diese Art von Erklärungsmuster ist ein sehr verbreitetes, und von unserem Denken und Fühlen spricht das Stück sehr stark. Unser Denken und Fühlen für uns selber und für andere tut so, als sei es auf Erkenntnis aus, in Wirklichkeit zielt es aber vor allem anderen auf Beruhigung. Wir tun buchstäblich alles, um das entsetzliche Chaos in uns und um uns herum zu strukturieren, dass wir es aushalten – durch Erklärungsmodelle der verschiedensten Art –, wobei es entgegen unseren Behauptungen nicht die geringste oder doch kaum eine Rolle spielt, ob Modell und Realität übereinstimmen. Es muss nur so glaubhaft und plausibel sein, dass wir uns an diesem Ordnungsgerüst festhalten und beruhigen können. Beruhigung im Chaos! In diesem Stück suchen alle Figuren ständig danach. Und sie sind damit beschäftigt, sich die Welt immer neu zurechtzulegen. Ob dabei die Teile zusammenpassen, ist ganz Wurscht. Sie müssen nur durchkommen.«
Aus einem Interview für das Programmheft der Uraufführung

Pressestimmen:
»Hier hat sich einer ausgetobt. Nachdem Widmer zuletzt zwei relativ realistische, sich um historische Fakten und Figuren (Frölicher, Jeanmaire) rankende Theatertexte geschrieben hatte, konnte er nun seiner Phantasie wieder freien Lauf lassen. Und wohin lief und hüpfte und galoppierte sie, die Phantasie? Schnurstracks zu Shakespeare. SOMMERNACHTSWUT ist erstens eine Reverenz an den (ausgebeuteten) Übervater des europäischen Theaters, zweitens ein Potpourri aus allerlei Tagesthemen, drittens eine Auseinandersetzung des Autors mit sich selber: als Bühnenzauberer.

In Anlehnung an seine frühere Grazer Poetikvorlesung, in denen er das Wesen der Literatur mit dem Phänomen der russischen Holzpuppe in der Puppe in der Puppe… verglich, hat Widmer ein Stück im Stück im Stück gezimmert.«
Richard Reich, Neue Zürcher Zeitung, 5. Oktober 1993

»Bottoms Schwierigkeit, den angemessenen Ausdruck für seinen Traum zu finden, ist auch Widmers Schwierigkeit, bloß stellt sich diese Schwierigkeit aus heutiger Sicht unvergleichlich komplexer und gebrochener dar. Entsprechend ist SOMMERNACHTSWUT ein Stück der Spiegelungen und Selbstbespiegelungen, ein Spiegelkabinett, in dem die erträumte Einheit von Leben und Werk immer nur in Bruchstücken erscheint, in Bildern der Trauer und der Komik, der Poesie und der Vergeblichkeit.«
Gerhard Melzer, ORF-Steiermark, 4. Oktober 1993

Top Dogs
Besetzung: 2 Damen, 8 Herren
Uraufführung: 14.5.1996, Neumarkt Theater Zürich
Regie: Volker Hesse, *Bühne*: Michel Schaltenbrand, *Kostüme*: Gerlinde Irmann
Mit Julia Jenkins, Susanne Wrage, Dodo Deér, Urs Bihler, Hanspeter Müller/Joachim Bliese, E. Heinrich Krause, Michael Neuenschwander, Gilles Tschudi
Inszenierungen in über 100 Städten weltweit. Das beste Stück des Jahres (*Theater heute*). Mülheimer Dramatikerpreis 1997 u.a. Fernsehaufzeichnung (SRG 1997/3-sat 1998)

Bihler, Deér, Bliese, Neuenschwander   Foto: Koni Nordmann

Inhalt:
TOP DOGS ist ein modernes Königsdrama der Wirtschaft. »Eine Art Baumschule für Gefällte. Es ist eine sogenannte Outplacement-Firma, wo jäh abgestürzte Karrieristen auf Kosten des ehemaligen Arbeitgebers ihre Wunden lecken.« (*NZZ*). Für einmal geht es also nicht um die Entlassenen der unteren Chargen, sondern um die, die normalerweise selber mit einem Strich hunderte von Arbeitsplätzen abbauen. Doch ist das Stück weit entfernt von einem Sozialdrama. Wenn die Top Dogs versuchen, die Fassade des Erfolgs zu retten, ihre Ängste kleinzuhalten, »die Schatten des sozialen Todes wegzuzaubern« (*Widmer*) oder sie sich in den Wortschlaufen der gewohnten Business-Sprache verheddern, dann ist das erhellend, witzig, beklemmend und eröffnet unerwartete Einblicke in die aberwitzigen Mechanismen unserer Wirtschaftswelt, die wir alle längst verinnerlicht haben.

Textprobe:
DEÉR Ist bei mir nicht drin, Ferien. Bin ja ursprünglich Maschineningenieur. Workaholic. Dass ich bei der Swissair gelandet bin, an der Front zuerst, dann im Catering, hat sicher damit zu tun. Sechzehnstundentage. Wer beim Catering dabei sein will, muss Tag und Nacht am Ball sein. »Lead, follow or get out of the way«, nicht wahr. *Lacht.*
WRAGE Gut. Wie im Konkreten läuft also unsre gemeinsame Arbeit ab? Wir stellen unsern Klienten hier eine Infrastruktur zur Verfügung, ähnlich der, die sie von ihrem früheren Arbeitgeber her gewöhnt sind. Computer, Fax, Telefon, Sekretariat für alle Schreibarbeiten, Fachliteratur, Kaffeemaschine und und und. Stellensuche ist ein Full-time-Job. Das werden Sie bald feststellen.
DEÉR Ja, sicher. *Schweigen.* Kann ich mir vorstellen. *Schweigen.* Wieso werde ich das bald feststellen?

WRAGE Ja was denken Sie, weshalb Sie hier sind, Herr Deér?
DEÉR Sagte ich Ihnen. Ich soll in Erfahrung bringen, inwieweit wir unsere Arbeitsbereiche füreinander nutzbar machen können.
WRAGE Wieso wohl zahlt Ihre Firma dreißigtausend Franken dafür?
DEÉR Wofür?
WRAGE Sie sind entlassen worden! Herr Deér! Entlassen!
DEÉR Ich??!
WRAGE Ja. Sie.

Der Autor zu seinem Stück:
»Der Mächtige, der strauchelt, macht ein ganz anderes Getöse als der kleine Mann, wenn er fällt. In der Tat reizte Volker Hesse und mich neben dem News-Wert des Themas auch dessen theatralische Seite. Richard III., der die Untertanen fuderweise und ohne jede Gerechtigkeit auf den Richtblock trieb und plötzlich, weil er die Karten seines Spiels überreizt hatte, selber Macht und Leben verlor, gab schon zu Shakespeares Zeiten mehr her als ein Knappe, der zum Ersten Dritten entlassen wurde. (…)
Volker Hesse und ich begannen eine Art Feldforschung im Lande des Managements. Wir wollten, um unsere Vermutungen empirisch abzustützen, mit möglichst vielen entlassenen Machtausübenden sprechen. Wir hatten einige private Kontakte, noch mehr halfen uns ein paar Zufälle und Empfehlungen, am meisten aber unterstützten uns zwei Outplacement-Firmen in Zürich. Wir begannen unsere Expedition in der Annahme, eine uns durchaus nahe Welt noch etwas genauer kennenlernen zu wollen, und wir beendeten sie mit dem Gefühl, einen unbekannten Kontinent bereist zu haben. (…) Ja, wir waren staunende Ethnologen in einer Welt, die ganz in unsere Nähe lag, die die unsere oft überlagerte und von der wir dennoch nichts gewusst hatten. Wie sollten wir es unseren Gesprächspartner verargen, dass sie unsere Welt ebenfalls nicht

kannten und stets in den Begriffen der ihren dachten? Manager denken wie Manager, Feuerwehrleute wie Feuerwehrleute und Dichter wie Dichter. Bekanntlich prägt, nach einem oft zitierten Wort dessen, den heute keiner mehr zitiert, das gesellschaftliche Sein das Bewusstsein. Und so waren viele unserer Gesprächspartner und Gesprächspartnerinnen zwar sensibel und differenziert, schlichtweg sympathisch: aber kaum einer und kaum eine taten jenen Schritt aus dem Denken der freien Marktwirtschaft hinaus, der sie instand gesetzt hätte, diese mit einem radikalen Blick von außen zu sehen. Die vielen offenkundig systembedingten Grausamkeiten, von denen wir hörten, blieben korrigierbare Fehler eines einzelnen Chefs, und totalitäre Tendenzen wurden zwar beschrieben, nie aber als solche benannt. Es gab, bei allen schlechten Erfahrungen, nur eine Welt. Und wer redet seine Welt kaputt, wenn er keine bessere hat?«
Aus: Feldforschung im Lande des Managements, in: Top Dogs (Kontrast Verlag, 1997)

Pressestimmen:
»Das Projekt TOP DOGS beweist: Das Theater kann sich der aktuellen politischen Stoffe bemächtigen, ohne die Bühne zur Volkshochschule verkommen zu lassen; es kann die Themen aufgreifen, die auch die Zeitungen zu den ihren machen – ohne die Thesen der Leitartikler zu verdoppeln. (…)
Das Thema könnte brisanter gar nicht sein. Es heißt: strukturelle Arbeitslosigkeit – es ist das Dilemma der westlichen Industrie- und Wohlstandsgesellschaft. (…) Ein klein wenig Schadenfreude, natürlich, ist auch dabei – schon tröstlich zu wissen, dass es auch »die da oben« jederzeit treffen kann. Lachend, bestens unterhalten, aber immer wieder auch mit Beklommenheit begreifen wir: Da ist etwas faul, nicht nur im Staate Helvetia, da bahnt sich weltweit ein ziemlich wölfischer Kapitalismus seinen Weg. (…) Da müssen

Manager nicht nur ihre Untergebenen, sondern am Schluss auch sich selbst entlassen – das ist die groteske Logik dieser Ökonomie. Die Globalisierung frisst ihre Kinder.«
Gerhard Jörder in seiner Preisrede beim Berliner Theatertreffen. In: Theater heute, Jahrbuch 1997

»Ein Autor, der den Leuten ungeniert aufs Maul und den Problemen unerschrocken in die Augen sieht, ein Ensemble, das selbst noch aus dem Telefonbuch einen spannenden Theaterabend machen könnte, ein Thema, das überrascht und betroffen macht, weil es sich unversehens als symptomatisch für eine ganze Epoche erweist. (...)Figuren, die den Shakespearschen Königen an Wucht und Eindringlichkeit um nichts nachstehen. (...) Unglaublich, dass Theater gleichzeitig derart trocken und spröde und doch so umwerfend träf, satirisch und lebendig sein kann.«
Charles Linsmayer, Der Bund, 17. Mai 1996

»Das ist überhaupt die eigentliche Leistung dieser Inszenierung: Immer wird die Form gewahrt. Bis zur Sprechoper mit (penetrant) apokalyptischer Volte führen die Schauspieler alle möglichen Bühnenformen vor. Und selbst wenn sie in Ecken stehen und ihre privaten Phantasien erzählen, spielen sie vor Publikum. Auch Leid ist darstellbar und damit auswechselbar.«
Gerhard Mack, St. Galler Tagblatt, 17. Mai 1996

DIE SCHWARZE SPINNE
Mit Musik von Patent Ochsner
Besetzung: 2 Damen, 9 Herren, Bauern und Bäuerinnen, Ritter und Engel
Uraufführung: 23.5.1998, Theater am Neumarkt in Koproduktion mit dem Theaterhaus Gessnerallee
Regie: Volker Hesse, *Bühne*: Marietta Eggmann, *Kostüme*: Anna Eiermann
Mit Büne Huber, Desirée Meiser, Michael Neuenschwander, Dodò Deér, Kaspar Geiger, Urs Bihler, Isabelle Menke, Hanspeter Müller, Daniel Ludwig, Gilles Tschudi, Herwig Ursin und Laiendarstellern
Bisher nicht nachgespielt

Neuenschwander, Meiser   Foto: Koni Nordmann

Inhalt:
Der Schlossherr wünscht innerhalb 24 Stunden eine Buchenallee gepflanzt, die vom Dorf bis zu seinem Schloss führen soll. Aber die Kräfte der ausgebeuteten und hungernden Bevölkerung reichen dazu nicht. Da bietet der Teufel um den Preis eines ungetauften Kindes seine Dienste an. Die Bauern weigern sich. Aber Christine, eine Fremde im Dorf, überredet sie zur Zusage, denn sie ist sich sicher, den Vertrag unterlaufen zu können. Als die Allee dann mit höllischer Macht aufgerichtet ist, will der Teufel sein Opfer haben. Aber den gebärenden Frauen gelingt es mit Hilfe des Pfarrers, die Säuglinge jeweils knapp vor dem Zugriff des Bösen zu taufen. Ergrimmt über diesen Vertragbruch lässt der Teufel das Mal des Kusses, den er Christine bei einem verführerischen Tanz aufgedrückt hatte, zu einer Spinne werden, die sich rasend vermehrt und die Bevölkerung in einer Orgie des Todes zu vernichten droht. Ja, Christine selbst, von allen der Schuld an dieser Katastrophe bezichtigt, wird zur tödlichen Spinne. Als die noch lebenden Bauern doch bereit wären, ein Kind zu opfern, gelingt dem Pfarrer im letzten Augenblick auch dieses zu retten. Damit aber lässt sich der Totentanz nicht mehr aufhalten – sogar der Schlossherr stirbt am Ende.

Textprobe:
PFARRER Ihr Menschenwürmer. Ihr leidet, ja, ihr leidet. Aber ihr werdet erhört werden vom unendlich gnädigen Auge des Herrn, denn dieser ist gerecht und ewig. Weinet nur, weinet! Aber wisset, ihr habt den Herrn. Herr! Du hast uns das gewaltige Gewicht dieser Bäume auferlegt. Gib uns die Kraft, sie zu tragen. Amen.
BAUERN Amen.
CHRISTINE Der Herr im Himmel hilft euch jetzt auch nicht mehr. Feiglinge, Memmen, Tölpel. Jetzt stöhnt ihr! Jetzt jammert's aus

euch heraus! Auf dem Schloss oben, als der Schlossherr euch befahl, hundert Buchen hochzutragen, zu pflanzen, an einem Tag!, da hätt einer s Maul aufmachen sollen. Sagen, das ist zu schwer für uns, das können wir nicht. Aber wie die Osterlämmer zur Schlachtbank.
CHRIGU Hunger!
HEIRI *Christine schützend* Si hett haut ihri Gattig, d Chrischtine. Gäu, Chrischtine, du machsch's uff dini Gattig. So wie du machsch's haut, gäu, du, haut, Chrischtine.
CHRISTINE Heiri. Du Heiri. Schau dich an. Deine Arme. Die Hände. Die Beine. Früher, kann mich kaum erinnern, Muskeln. Kraft. Saft. Hier. Hier.
HEIRI Jä wo söll i de? Wo söll i si de härnää? D Muskle? D Chraft? D Saft? Jä wo söll i de Muskle ha, hie, bi däm Läbe hie?!

Der Autor zu seinem Stück:
»In unseren Hirnen hatte nämlich schon eine Weile lang der Plan herumrumort, unsre kollektiven Endzeitängste und -hoffnungen theatralisch zu fassen. Dieses apokalyptische Grundgefühl, dem wir uns immer deutlicher ausgesetzt fühlen, je näher das Jahrtausendende kommt. Diese Paniken des Alles-ist-aus, und die Rettungsphantasien. Totenköpfe und Satansgeheul.
Die schwarze Spinne von Jeremias Gotthelf ist eine bedrängende Endzeit-Story. Eine Apokalypse im Emmental. Eine Todesphantasie. Ein Satans-Stück. Ein Rausch der Strafen. Eine Rückkehr in ferne Welt auch – sie spielt in den Zeiten der ersten Kreuzzüge –, in eine Welt der Gewalt, der Rechtlosigkeit, des magischen Denkens, ja – von uns aus gesehen – eines kollektiven Wahnsinns. Kaum zu verstehen. Toll, in jeder Bedeutung des Wortes. Ein Lehrstück über das Verhalten der Massen: dass diese, wenn es der eigene Vorteil zu gebieten scheint, stets und sofort mit den – vermeintlich – stärkeren Bataillonen gehen. Ein Stück über das Fremde und die

Fremden auch: wie zufällig (wusste Gotthelf, was er da tat?) kommen alle ›Bösen‹ aus Schwaben, vom Bodensee, aus dem heiligen Land, aus der Hölle. Nicht aus dem Tal.«
Aus einem Manuskript für die Programmzeitung der Uraufführung

Pressestimmen:
»Ein Dramatiker, der vom grünen Tisch aus die Stadttheater mit seinen Stücken beliefert, ist Urs Widmer nicht. Sondern einer, der mittut, mitdenkt aus der Theaterpraxis heraus. So wenig sich Volker Hesse an seinem Theater Neumarkt mit dem bloßen Nachspielen von Dramen begnügt, so wenig ist Urs Widmer mit der Rolle als Schreibtischtäter zufrieden. Beide sind Projektmacher, die stoffgemäße Spielformen erfinden, immer wieder anders, unverwechselbar.
Eine zweite Auflage von TOP DOGS, von Widmers Stück-Hit der letzten Spielzeit, gibt es nicht. Es gibt jetzt nicht einmal einen richtigen Dramentext. Nur Zischeln und Krächzen. Schrundige Bauernkehlen, die allenfalls einen einsamen schweizerdeutschen Laut geben können. Niemand erlöst dieses Bauernvolk von seinem irrwitzigen Aberglauben an Teufelsspinnen in klarer Sprache, in Verstandesnüchternheit. Nur immer diese Predigtmonologe des Pfarrers, die man wohl anhört, aber auf die man nicht hört. Nur stets diese Hetzmeuten, die einander als Echo bestärken im Hass gegen Christine. Diese fremde Lindauerin, die Frau vom ›Bode-, Bode-, Bode-, Bode-See‹. Der restringierte Sprachcode mit seinen Wiederholungen ist in dieser Interpretation der eigentliche Teufelskreis, in dem sich alle befinden. Was das Literaturtheater traditionell auszeichnet, fehlt in diesem Drama völlig: der Dialog − diese hohe Menschenkunst, sich aus den Niederungen der Vorurteile und der unbewussten Ängste und Lüste reflektierend zu erheben. Das Drama, das Urs Widmer schreibt, ist die Tragödie

des Nichtsprechenkönnens. Die Lücke ist das Gelungene an seinem Text.«
Christine Richard, Basler Zeitung, 25. Mai 1998

»Begleitend flötet, saxed, heavy-metalled und poppt die platingesegnete Berner Band Patent Ochsner, wie man es von den melancholischen Helden der ›Schlachtplatte‹, den sanften Mundartrockern von ›Stella Nera‹ nicht erwartet hätte. Zwar bleibt in dieser Emmentaler Hölle gelegentlich das Textverständnis auf der Strecke, dennoch machen erst Patent Ochsner und ihr Star, der Teufel — schillernd ausgespielt von Michael Neuenschwander —, die Uraufführung von Urs Widmers ›SCHWARZE SPINNE nach Jeremias Gotthelf‹ zu dem, was sie großenteils ist: ein Fun-Abend im Stil der ›Rocky Horror Show‹. Ein bisschen prüder zwar, ein bisschen metaphorischer und symbolischer, jedoch mit einer musikalischen ›fuuscht im sack‹.«
Alexandra M. Kedveš, Neue Zürcher Zeitung, 25. Mai 1998

BANKGEHEIMNISSE
Besetzung: 2 Damen, 3 Herren
Uraufführung: 11.5.2001, Vaudeville Theater Zürich im Theaterhaus Gessnerallee
Regie: Stefan Viering, *Bühne*: René Ander-Huber, *Kostüme*: Marion Steiner, *Musik*: Christoph Baumann
Mit Marie-Thérèse Mäder, Graziella Rossi, René Ander-Huber, Klaus Henner Russius, Helmut Vogel
Bisher nicht nachgespielt

Vogel, Rossi, Russius, Ander-Huber   Foto: Lucia Degonda

Inhalt:
Die Handlung des Stücks besteht in einer Abfolge von Szenen, die nacheinander, ineinander und gegeneinander drei verschiedene Erzählstränge verknüpft: zwei gleichzeitig dienstfertige und renitente Kellner bedienen ein imaginäres Café und stoßen bei ihrer Tätigkeit auf einen Gast aus dem Zuschauerraum, der mit Koffer und Waffe bestückt zuerst das Publikum, dann die Akteure bedroht, bis er schließlich an einem Bankschalter sein Geld zur Wäsche bringen will. Eine geheimnisvolle Frau hält ihn auf einer Gartenbank eine Zeit lang durch Zärtlichkeiten in Schach, bis die Kellner auch in diese Intimsphäre eindringen und Dame und Geld ebenso für sich beanspruchen. Die Bankangestellte schließlich entpuppt sich als ebenso raffiniert wie korrupt, so dass am Ende niemand etwas gewonnen hat, aber alle glücklich über das prekäre Menschsein philosophieren. Singend.

Textprobe:
MANN *geht ans rechte Ende des Tresens, stellt den Koffer ab, setzt sich.* Ich möchte etwas Geld anlegen, Aktien, Obligationen, sie haben doch verschiedene Fonds, können sie mir einen empfehlen?
BANKANGESTELLTE Nein.
MANN *nimmt Handy aus Jackett, liest auf Display.* Sie haben hier den Basic C, fünfunddreißig Prozent Aktien, Blue Chips, der Rest Obligationen, die Performance im letzten Jahr sechs Komma drei, können sie mir den empfehlen?
BANKANGESTELLTE Nein.
MANN Ah nein? oder hier, High Risk Super, in Euro, etwas größeres Risiko, o.k., aber gute Performance, satte zwölf Prozent, können sie mir den empfehlen?
BANKANGESTELLTE Nein.
MANN Ja welchen Fond können sie mir denn empfehlen?
BANKANGESTELLTE Keinen.

MANN Keinen?!
BANKANGESTELLTE Wir sind Halsabschneider. *Die Frau lacht.* Wir ziehen sie über den Tisch. Gehen sie zu einer anderen Bank. Gehen sie zur South Corean National Bank in Seoul, die schauen zu ihrem Geld.
MANN Ich bin hier in Zürich, ich bin hier nicht in Seoul.
BANKANGESTELLTE Ihr Pech. *Wendet sich ab, untersucht ihre Fingernägel.*
MANN Wieso eigentlich, ihr Bank hat das AAAplus-Rating, sie ist ›member of the leading banks of the world‹, Zürich ist der Bankenplatz per axcellence, per a… Sein oder Nichtsein, das ist hier die Frage.
BANKANGESTELLTE Wenns hier keine Blödmänner wie sie gäb, die uns das Geld in den Rachen schmeißen, was glauben sie, wie unsere Rendite aussähe?

Der Autor zu seinem Stück:
»Geld macht nicht glücklich, aber kein Geld macht garantiert unglücklich. Ich bin kein Zyniker oder Utopist, der von der geldlosen Gesellschaft träumt. Mit geht es um den schier besinnungslosen Kult ums Geld und die unbegreiflich positive Besetzung all der Untaten, die das Geld verursacht. Dinge, die uns gar nicht mehr auffallen. So haben die Ideologen der Geldgesellschaft etwas Faschistoides. Der Stärkere setzt sich durch und frisst den Schwächeren. Eine Art Banaldarwinismus. Und genau dies wird als perverses Grauen gar nicht mehr wahrgenommen und findet gar noch Applaus. Das ganze System ist zutiefst undemokratisch und operiert offen mit Begriffen aus der Welt der Gewalt. Viel Militärisches. Da ist die Rede von Divisionen, man arbeitet an der ›Front‹, die Manager selber benehmen sich wie Söldner. Entweder geht es gut oder nicht, nach fünf Jahren ziehen sie sich zurück und nehmen ein paar Millionen mit. Noch mehr als diese Ent-

wicklung selber stört mich ihre Wahrnehmung. Siebzig Prozent unserer Gesellschaft bewerten positiv, was in Wirklichkeit eine Perversion ist. (…)
Das ist umso dramatischer, als das Geld in den letzten zwanzig oder dreißig Jahren regelrecht tollwütig geworden ist. Von dieser Tollwut handelt das Stück, umso mehr, als das Geld mit realen Werten oder Waren oft kaum mehr etwas zu tun hat. Aus Geld wird weiteres Geld gemacht, wie virtuell auch immer. Dieser Irrsinn hat zur irrsinnigen Form des Stücks beigetragen.«
Aus einem Interview in: Die Weltwoche, 19./20. Mai 2001

Pressestimmen:
»Dann ist da noch der Mann, der ständig die Stücke verwechselt und mit einer scharf geladenen Gurke an die Geldscheine will. In einer schönen Szene sitzt er im Regen auf der Bank mit Schirm, und sobald er den Schirm schließen will, hört es auf zu regnen. ›Das ist gemein, ich kann nicht nass werden, nie, immer wenn ich den Schirm wegtu, scheint die Sonne. Ich werde verdursten.‹ Man kann an dieser Episode eine Variante auf den antiken Mythos von König Midas sehen, auf den Widmer mehrmals anspielt: Alles was Midas anfasste, wurde zu Gold. Das war zunächst angenehm, führte aber bald zu Problemen, wie man sich leicht denken kann, wenn man sich nur mal einen vergoldeten Döner vorstellt. (…)
Widmers BANKGEHEIMNISSE sind ein unernstes Echo auf ernste Themen, die kabinettstückhaft verspielt, kalauermäßig in Zweifel gezogen, subversiv in die eigene Falle gelockt werden. Darin liegt das nicht zu leicht zu nehmende Geheimnis der BANKGEHEIMNISSE. Zwischendurch ists auch etwas gewollt verspielt, das bringt das Genre mit sich. Aber mir so gekonnter Leichtigkeit, wie es hier gegeben wird, meist einfach wunderbar amüsant.«
Andreas Klaeui, Basler Zeitung, 14. Mai 2001

»Dergestalt spielt Widmer in seinem ohne offenkundige Logik alles vermengenden, beinahe dadaistischen Stück mit Klischees, greift sie auf und zerpflückt sie so, dass ihnen als Rettung nur die verschwenderisch gestreuten Kalauer und Liedchen bleiben. ›Das Geld, das Glas/Wie leicht bricht das?/Der Mensch hats schwer/Wo kommt er her?/Wo geht er hin?/Was ist sein Sinn?‹ Mächtig will die Existenzfrage am Ende an die Tür des im Theater ja längst schon auf Tiefsinn gedrillten Zuschauers pochen, doch das funktioniert nicht. Lapidar lässt Widmer sein Stück mit der Bestellung eines Espressos enden. Der aber ist zum erstenmal – ›ein Traum‹. Möglicherweise handelt es sich bloß um ein Schäumchen, denn als solches prägt sich das Stück ein. Doch Espresso-Kenner wissen, von was die Rede ist: Die Crema bestimmt den Espresso zu einem großen Teil. (…) Ein Schäumchen, gewiss – aber eins, das Lust macht auf den Espresso, selbst wenn dessen Untiefen sich in absehbaren Grenzen halten.«
Elisabeth Feller, Die Deutsche Bühne, Juni 2001

Die Gurke

OSSI Guten Abend.
WESSI Hallo. Ossi?
OSSI Sieht man das ?
WESSI Nicht die Bohne.
OSSI Aber Sie sind ein Wessi, stimmts oder hab ich recht?
WESSI Wie haben Sie das rausgekriegt?
OSSI Na, wie Sie aussehen. Wie sie sprechen. Wie Sie dastehn.
WESSI Wollen Sie ne Banane?
OSSI Oh, immer.
WESSI *gibt ihm eine Gurke* Bitte.
OSSI Das ist eine Gurke.
WESSI Jetzt hören Sie mal, Sie ahnen ja nicht, wie viele Bananen ich schon, tausende. Und im übrigen ist eine Banane eine Südfrucht, während Sie ein Ostmensch sind. Gurke reicht. Was wollen Sie überhaupt mit einer Banane?
OSSI Wir brauchen sie für unsere Überfälle. *Zeigt, wie. Wie einen Revolver.*
WESSI Na da ist ne Gurke genau so geeignet. Eher noch größeres Kaliber.
OSSI Meinen Sie? *Er richtet die Gurke auf den Wessi.* Hände hoch.
WESSI *hebt die Hände* Ihre Gurke ist nicht geladen.
OSSI Nicht?
WESSI Bei einer Westbank kommen Sie damit nicht durch. Da können Sie gleich mit einem Kohl zum Schalter gehen.
OSSI Meinen Sie?
WESSI Da. *Gibt ihm einen Kohl*. Einfach über die Rübe, den Kohl, und dann ab durch die Mitte.
OSSI Verstehe. *Haut dem Wessi den Kohl über die Rübe, rennt weg.* Danke.
WESSI *groggy, hebt den Kopf* Geld mitnehmen, Sie Pflaume. *Erschöpft.* Sie werdens nie lernen.

»Ich schreibe für's Leben gern Weltuntergänge.«
Urs Widmer im Gespräch mit Peter Schweiger

Peter Schweiger: *Du hast in deinen Grazer Poetikvorlesungen einmal sinngemäß gesagt, das Ich sei eine unumstößliche Erzählposition für deine Prosa, wobei du sogleich hinzufügst, ein erfundenes Rollen-Ich. Diese Position kann zwar beim Schreiben fürs Theater auch eingenommen werden, aber im Stück selber ist sie nicht in dem Maße möglich.*

Urs Widmer: Der Dramatiker Widmer und der Prosa-Autor kommen mir oft wie zwei verschiedene Personen vor. Prosa ist episch, weich auch, auf Ambivalenzen aus, und ich habe stets jenen Ich-Erzähler, von dem du sprichst und der einer ist, wie ich auch einer hätte werden können, wenn ich nicht eben ein anderer geworden wäre. Das Theater ist viel aggressiver. Seine Helden sind klar von einander abgegrenzt, mit ihrer je eigenen Geschichte, und kämpfen mit einander, mit ihren je eigenen Mitteln.

Vielleicht ist das Ich im Stück so etwas wie ein aufgesplittertes Ich des Autors, das heißt, dass er mit den verschiedenen Stimmen spricht als Dialektiker, der er auf der Bühne sein muss, sich selbst gegenüberstehend, sich selbst ins Wort fallend, sich widersprechend. Könnte man es so sehen?

So arbeiten wohl Dramatiker. Ich kann ja nichts erfinden, was gar nicht in mir drin ist. Selbst wenn ich – wie etwa in TOP DOGS – die Geschichten von Menschen erzähle, die nicht aus meiner Erfahrungswelt stammen und mir genau so erzählt worden sind, bin ich es, der die Szene erfindet. Die Szene, auch wenn sie die Wörter von anderen benutzt, riecht dann eben nach mir. Im Übrigen haben meine Figuren, obwohl ich vor allem zu Beginn von Autoren wie Beckett oder Vitrac oder Ionesco oder den Surrealisten beeindruckt war, durchaus eine Psychologie. Jede ihre. Ein Theater ohne eine mindestens minimale Psychologie kann es gar nicht geben, weil es von Menschen gespielt wird, von Schauspielern, die unweigerlich eine Psychologie ins Spiel bringen. Ich liebe eben, neben Beckett, auch Čechov – ONKEL WANJA ist für mich *das* Stück überhaupt –, und Beckett kommt mir zuweilen wie die Fortsetzung von Čechov vor, Čechov nach Freud.

Die Figuren äußern sich durch Handlungen, Gesten und Reden. Für das Sprechen gibt es eine Position wie bei Kleist, wo quasi alle Personen die gleiche Sprache haben, und eine andere wie bei Hauptmann, wo die Sprache sozial und standesmäßig differenziert wird. Das ist kein Fortschritt, sondern einfach eine andere Haltung dem Theater gegenüber. Kann man sagen, dass auch für deine Theatertexte ein sehr starkes sprachliches Moment die Triebkraft deiner Figuren ist?

Es ist *eine* Triebkraft. Ich bin nicht Kleist. Ich bin kein Wortgewaltiger. Die Protagonisten meiner Stücke sagen oft weniger, als sie sagen könnten, und sie liegen mit dem, was sie sagen, oft voll daneben. Ich weiß mehr über sie, als sie selber es tun. Aber so arbeitete schon Sophokles. Der ÖDIPUS ist voller Sätze, von denen Sophokles wusste, dass ihr Gegenteil richtig ist.

Du hast ja mindestens einen Teil deiner Stücke aus der Mundart heraus formuliert. Damit verbietet sich eine ›hohe‹ Sprechhaltung geradezu, wenn sie nicht parodistisch eingenommen wird. Ist das eine Quelle?

Ich habe aus meiner Not eine Tugend gemacht. Meine Muttersprache ist die Umgangssprache der Stadt Basel. Ein alemannischer Dialekt. Als ich mit dem Theater anfing (ich lasse meinen ersten Versuch, DIE LANGE NACHT DER DETEKTIVE, beiseite) wurde mir jäh bewusst, dass ich die deutsche Alltagssprache keineswegs sicher und selbstverständlich beherrschte. Ich wollte mir nicht in die Tasche lügen, indem ich so tat als ob. Ich war schon in der ersten Prosa bei jedem »obwohl« in Panik geraten. Log ich schon, oder war ich noch so etwas wie ich selber? So ein Stück wie ANDORRA sollte mir eben nicht passieren. Wenn Max Frisch, der ja die Schweiz meinte, in seiner Heimatsprache geschrieben hätte, hätte sein Stück nicht an einem utopischen Ort spielen und also die etwas verlogene Unschärfe, die mich sehr irritiert, nicht haben können. So schrieb ich NEPAL, nominell mein zweites Stück, aber wohl doch so etwas wie mein erstes, in der Umgangssprache von Basel. Ich hatte allerdings von Anfang an die Hoffnung, nein, die Forderung, dass es in der Umgangssprache des jeweiligen Aufführungsortes gespielt würde. Die Uraufführung fand ja dann auch in der hessischen Übersetzung von Karlheinz Braun in Frankfurt am Main statt. Auch ZÜST ODER DIE AUFSCHNEIDER wurde im Dialekt geschrieben; ich stellte allerdings fast sofort auch eine hochdeutsche Fassung her, weil Frankfurt auch diese Uraufführung machen wollte. In STAN UND OLLIE IN DEUTSCHLAND spielt der Dialekt ebenfalls eine bedeutende Rolle. Die Münchner Kammerspiele spielten NEPAL, und zwar mit Jörg Hube und Philipp Arp. Die beiden mochten das Stück und in der Folge auch mich, und ich fand an ihnen Gefallen. Wir wollten ein Stück zusammen machen, und das wurde STAN UND OLLIE IN DEUTSCHLAND fürs Theater am Sozialamt, weil dies Arps Stammtheater war (Annette Spola, seine Frau, leitete es damals und tut es noch heute) und uns, jenseits aller ökonomischen Überlegungen, ideale Arbeitsbedingungen bot. Es war von Anfang an klar, dass Stan und Ollie bayrisch sprechen mussten. Damit habe ich mich völlig wohl gefühlt, obwohl ich kein Bayer bin. ALLES KLAR wurde das erste Stück, das von Anfang an hochdeutsch gedacht und geschrieben wurde. Und dann FRÖLICHER – EIN FEST. Irgendwann also hatte ich es gelernt.

Ein Kennzeichen deiner Figuren ist ihre Schlagfertigkeit, ihre Geschwindigkeit im Reden, ihre Fähigkeit, unmittelbar reagieren zu können. Das läuft manchmal auch auf einen Kalauer hinaus.

Ich liebe Kalauer. Ich bin sogar einmal nach Calau gefahren, in der damaligen DDR, um zu prüfen, ob die Calauer in Kalauern sprechen. Taten sie nicht.

Aber sie scheinen mir doch weniger das Ziel des Schreibens zu sein. Vielmehr formulierst du in der Art, wie du die Dialoge führst, eine Taktik der Figuren. Die Figuren haben eine große Lust sich auszudrücken. Gleichzeitig aber versuchen sie auch, den anderen durch ihre Schnelligkeit und die Präzision ihrer Formulierungen in Zugzwang zu bringen, so dass der andere unbedingt etwas sagen muss. Kann man das auch als eine Taktik des Autors bezeichnen?

Taktik? Ich tue so etwas jedenfalls gerne, und ich kann es wohl auch. Ich neige dazu, Paare auf die Bühne zu bringen, in der Regel Männerpaare. Diese Männerpaare – zum Beispiel die Kellner in FRÖLICHER oder STAN UND OLLIE oder auch (die waren mit Frauen besetzt) die Engel in JEANMAIRE – können das ausleben, was ich so gerne tue: dieses blitzschnelle Denk-Pingpong, das immer auch ein Sprach-Pingpong ist. Es ist ein gegenseitiges Fordern, ein Herausfordern des anderen, einer gewinnt und einer verliert und sinnt natürlich sofort auf sprachliche Rache etc. Das Spiel ist leicht, aber durchaus aggressiv. Das ist herrlich zu spielen, und es ist schwer zu spielen. Wenn die Schauspieler oder der Regisseur keinen Sinn für's richtige Tempo und, wichtiger fast noch, für Pausen haben, ist alles aus. Wenn spaßvogelige Regisseure oder taubblinde Dramaturgen an den Szenen herumfummeln, gerät das Ganze sofort aus der Balance. Zudem ist diese Art von Dialogen zwar komisch, aber sie haben stets ihr gefährliches oder tragisches Unterfutter. Ein mitschwingendes Pathos der Vergeblichkeit von allem.

Ich denke, dass ein Teil von dem Zugzwang, von dem wir sprechen, von der Raschheit, von der scheinbaren Zielsicherheit der Figuren eigentlich ein

Vertuschungsspiel ist, damit das, was die Frage oder die Erwiderung hätte bewirken sollen, nämlich ein Entblößen oder ein Erkennen, wieder verdeckt wird.

Das hat einen autobiografischen Hintergrund. Ich bin in einer anregenden und durchaus lebensvollen Familie aufgewachsen, die aber die Lüge im Alltag insofern praktizierte, als die vielen Schmerzen, die in unserem Familienleben mitgaloppierten – meine Mutter und mein Vater waren schmerzvolle Menschen –, nie formuliert wurden. Nie im Sinne von nie, außer bei den Aus- und Zusammenbrüchen, die es im Rhythmus eines halben Jahres gab. Sonst waren wir witzig oder lustig oder gut gelaunt oder heiter oder gut drauf. Und ich spielte als Bub dieses Spiel radikal mit, und völlig unfreiwillig. Ich war der Sonnenschein im Haus. Und da lernte ich natürlich genau dieses Reden. Im Hintergrund ist irgendein Entsetzen – Mutter am Durchdrehen und Vater am Sterben –, die Sprachäußerungen sind aber heiter und leicht. Mein Vater war ein ausgesprochen witziger Mensch, der auch im Sterben noch wirklich gute Scherze machte. Das gab ein gewisses Training für jene Art von Dialogen, von denen wir hier sprechen.

Ich habe aber das Gefühl, es wäre über das situative Verstehen der Dialoge hinaus noch eine zweite Lesung nötig, nämlich die, den Text als Partitur zu lesen und nicht als eine Anweisung zum Reden.

Ich höre das sehr gerne.

Kannst du sagen, wie du vorgehst, um diese Partitur zu erstellen?

Ich glaube, mir ist ein sicheres Gefühl für den musikalischen Spannungsbogen angeboren. Für's Timing. Deshalb mag ich das Wort Partitur. Denn Stücke sind – nicht nur, aber auch – Zeitabläufe. Sie haben Allegro-Passagen und Adagios. Darum schreibe ich die Pausen immer mit.

Wir haben also auf der einen Seite diese scheinbare Alltagssprachlichkeit der Figuren, auf der anderen Seite ein hohes Maß an Rhythmus, Klang, Melodie. Wenn die Schauspieler darüber hinweggehen, bricht ganz viel von der ästhetischen Qualität weg.

Die Figuren machen verschiedene Angebote, inhaltliche und musikalische. Bei historischen Figuren wie Jeanmaire oder Frölicher überwiegt der Inhalt. Dann gibt es aber auch Figuren, die sich aus einem Sprachsamenkorn entwickeln. Das sind hauptsächlich meine Paare. Ihre Dialoge entstehen aus fast nichts. Das fast Nichts ist vielleicht ein erster Dialogfetzen, noch ohne eigentliches Ziel (auch beim Schreiben noch mit einem ungewissen Ziel), ein erster aggressiver Kalauer, der seine Erwiderung braucht. Dann schreibt sich die Szene, wenn's gut geht, von selbst weiter. Das ist ein reines Sprachziel, ein Theaterziel, ein Emotionsziel auch, und ein musikalisches Ziel insofern, als ich in mir den Rhythmus der Szene fühle. Wenn ich selber inszeniere, möchte ich das immer herstellen. Ob der Kellner von rechts oder von links kommt, ist weniger wichtig.

Die Komik und die Groteske sind eigentlich allen deinen Stücken eingeschrieben, auch wenn diese auf den ersten Blick so unterschiedlich sind wie NEPAL *und* TOP DOGS. *Dennoch gibt es klare Parallelen, obwohl* TOP DOGS *sich mehr aus der Realität dessen speist, was du recherchiert hast,* NEPAL *eher aus dem, was du aus deiner Vaterbeziehung heraus formuliert hast. Diese Form der Kürze, der Schlagfertigkeit, der musikalischen Handhabung ist eine Art der Darstellung von Welt. Ein Weltverständnis also, dessen Ernsthaftigkeit als solche nicht immer richtig verstanden wird.*

Auf der Bühne, mit Liebe und Lust gespielt, wird schon deutlich, was das Stück will. So schwierig ist's ja auch wieder nicht.

Aber es gab etwas, das das Publikum anders aufgenommen hat als die Kritiker damals. Nehmen wir ALLES KLAR. *Das Publikum konnte im Wie-*

dererkennen die absurdesten Situationen sofort auf sich beziehen. Gerade *weil man so überspitzt vorgeführt bekam, wie hybrid die Figuren sind, wie zwiespältig, wie zerbrechlich, wie uneigentlich, war das Lachen das Einverständnis von ebenfalls gebeutelten Zeitgenossen.*

Wenn ich jetzt ein Bekenntnis machen darf: Ich halte *Alles klar* für mein bestes Stück. Es ist sicher und notwendig geschrieben, immer genau, auch mitten in der irrsten Handlung, vielleicht, weil es sehr schnell entstanden ist: jeden Abend ein Akt, in drei Tagen. Ein Geschenk der Götter, so etwas schätzt man als Dichter natürlich. Kunst ist ja sonst schön, wie Karl Valentin sagt, macht aber viel Arbeit. ALLES KLAR ist übrigens auch das einzige Stück, bei dem ich während des Schreibens – maßvoll, nicht mehr als eine Flasche pro Akt – Wein getrunken habe. Einen Roten, Rioja, glaube ich.

Lass uns über die Parallele zu JEANMAIRE *sprechen. Das Provokante war ja eigentlich, dass ein Durchschnittsbürger, wie wir es ja alle im Zuschauerraum sind, in eine Position kommt, in der er in gewissem Sinne an der höchsten Politik mitbeteiligt ist, aber weder weiß, was ihm geschieht, noch irgendetwas treibt, was der Politik auch nur einigermaßen angemessen wäre. Diese Situation ist das Provokante.*

Ich war damals der Ansicht und bin es heute noch, dass Jeanmaire das Opfer eines vom Staat inszenierten Sündenbock-Manövers wurde. Das war ein Skandal, und das wollte ich mit den heftigsten, auch satirischen, Mitteln zeigen. Das war gewiss eine Provokation. Ich war im Übrigen nicht der einzige, der damals auf den Fall Jeanmaire aufmerksam wurde. Es gab das sehr gute Buch von Urs Rauber, das mir geholfen hat. Ohne dieses Buch und die Bekanntschaft mit Rauber hätte ich das Stück nicht schreiben können. Der Ausgangspunkt war aber Lukas Leuenberger. Er war auf irgendeine Weise mit Jeanmaire zusammengekommen, der eben nach zwölf Jahren Haft entlassen worden war und ihm sein Privatarchiv übergab, in dem er alles, was seinen Fall betraf, gesammelt hatte. Das war mir sehr nützlich, aber es war nicht meine einzige Quelle. Nach 1989 war auch in der Schweiz eine historisch neue Situation, und ich hielt plötzlich Material in den Händen, an das ich zwei Jahre früher nie herangekommen wäre. Eine Mitschrift des geheimen Militärprozesses beispielsweise. Aus diesem Material, das mir interessanterweise aus christlich-bürgerlichen Kreisen zugespielt wurde, ist deutlich geworden, dass Jeanmaire verschaukelt worden war. Er, ein harmlos-naiver kalter Krieger, musste den Kopf in einem politischen Spiel hinhalten, das er nicht im Mindesten durchschaute. Ich habe das Stück also geschrieben, Leuenberger hat es finanziert. Wir haben viel Aufmerksamkeit erhalten. Auch in den Massenmedien: das Titelblatt der *Schweizer Illustrierten* und die Premierenkritik des *Blick* als Aufmacher auf Seite eins. Das ist später zugedeckt worden durch die Konkurskatastrophe Leuenbergers – er blieb vielen von uns einen Haufen Geld schuldig –, die aber mit dem künstlerischen Gelingen nichts zu tun hatte. Das Schreiben eines solchen Stücks ist für mich wie Löwen jagen, in unserem braven Leben gibt es ja sonst fast keine Löwen mehr. Ich bin das Risiko eingegangen, verklagt zu werden. Dann hätte es einen Prozess gegeben und einige Karten dieses üblen Spiels hätten auf den Tisch gelegt werden müssen. Jeanmaire ist bis heute nicht rehabilitiert worden. Und der damals verantwortliche Bundesrat Furgler, inzwischen sehr alt, schweigt noch immer.

Ich möchte gern noch einmal auf das Abbilden von Realität, von Weltsicht zurückkommen. Es ist ja eine der Kernfragen: Wie wird etwas geschrieben, wie wird etwas dargestellt und was ist eigentlich dahinter? Das ist immer ein Übersetzungsvorgang, und darin steckt ein ästhetisches Programm, ein Verfahren. Kannst du das für dich beschreiben? Wie du das spürst? Wie du technisch vorgehst? Geht das über Spontaneität und erst im Nachhinein über Reflexion? Oder hast du eine klare Vorstellung von den Schwierigkeiten der Welt, von der Darstellbarkeit dieser schwierigen Welt?

Ein glasklar und rational völlig begründbares Verfahren steht mir nicht zur Verfügung. Sagen wir es so: Am Anfang haben meine Figuren schier ausschließlich in meinem Kopf gespielt. Die Schädelinnenwand als Bühnenbegrenzung. Vielleicht darf man das Kopfgeburten nennen; allerdings hatten meine Erfindungen von allem Anfang an ihre Erdung. In NEPAL etwa sind die Figuren zwar Spiel-Figuren meiner eigenen Obsessionen und Hoffnungen, aber sie sind auch an einem konkreten Ort, auf der Bühne nämlich, die hier nicht für etwas anderes steht, sondern die Bühne *ist*. Die beiden Protagonisten sind in einem geschlossenen Schutzraum, so lange jedenfalls, bis sie entdecken, dass da unten im Saal noch andere Menschen sitzen. Außen, unsichtbar, ist die Außenwelt, und die scheint bedrohlich zu sein. Die in sich drehende Innen-Handlung wird im Lauf des Stücks mehr und mehr durch diese Außenwelt verstört. Das war übrigens immer am schwersten zu inszenieren. Was macht man mit einer Außenwelt, die sich nur über Geräusche äußert? Da damals bewegte Zeiten waren, waren das in meiner Vorstellung revolutionäre Geräusche der gefährlichen Art. Polizeisirenen, Megaphonstimmen und so. (Heute würde ich gerne einen Ligeti-artigen Musiker um eine Bedrohungskomposition bitten.) Außen ist es also gefährlich, und der Schutzraum des Innen bewährt sich nicht. Am Schluss fällt der Alte dann doch in die Grube. Später hat sich meine Optik erweitert. Ich merkte, um es verkürzt zu sagen, dass es da draußen noch andere Leute gibt, die auf ihre je eigene Art denken, reden, handeln. Ich hätte TOP DOGS 1970 nicht schreiben können. Ich hätte einfach die Mittel dafür noch nicht gehabt, das handwerklich breitere Können, aber vor allem einen angstfreien, neugierigen Blick auf die anderen. Ich war nun fähig, genau zuzuhören und das Erfahrene doch ein eine Szene zu verwandeln, die ihre eigene ästhetische Qualität hat.

Die Ähnlichkeit im Verfahren bei TOP DOGS *und bei* JEANMAIRE, *aber letztlich auch bei* NEPAL *liegt darin, dass du die Figuren und Situationen zuspitzt, um sie dadurch kenntlicher und realer zu machen. Du arbeitest somit auch in deinen so genannten Kopfstücken mit ganz konkreten Erfahrungen.*

Ich habe vorhin schon das Wort Erdung gebraucht. Jeder Satz, den die Figuren sagen, muss in etwas Wirklichem geerdet sein. Unter Realismus versteht man gemeinhin etwas anderes.

Ich verwende den Begriff am liebsten im Sinne von Brecht, der sinngemäß sagt: Realismus ist das, was sich klar auf eine Realität beziehen lässt. Es geht nicht nur um die Darstellung des Realen, sondern darum, dass die Absicht, mit der man es macht, etwas trifft in der Realität.

Dann bin ich eben ein Brecht-Schüler. Tatsächlich hat Brecht in meinen Jugend- und jungen Mannesjahren eine große Rolle gespielt. Aber beim Schreiben bin ich ihm nie verfallen, während ich Beckett verfallen war. Hauptsächlich WARTEN AUF GODOT, aber eigentlich dem ganzen Beckett. Du bist derjenige, der mich vor dieser mir damals nicht bewussten Gefahr sehr klug und eindringlich gewarnt hat. Das war bei ZÜST. Deine Warnung vor Beckett dröhnte mir in der Folge in den Ohren. Du hast gesagt, ich solle endlich aufhören, ein Bäumchen in die Mitte der Bühne zu stellen. ZÜST war natürlich ein Bäumchen-Stück.

Ich sehe noch eine andere Parallele zu Brecht, in der Art des Denkens, des Formulierens. Je länger ich Brecht lese, desto deutlicher entdecke ich den unglaublichen Komiker und Polemiker. Ein großer Teil des Vergnügens an seinen Stücken – das haben wir Achtundsechziger und die streng Politischen damals nicht verstanden und seine Stücke furchtbar ernst genommen

— liegt in der Kraft und in der Lust, über einen Witz oder eine Polemik etwas auszuhebeln.

Da sind wir wieder beim Zerbrechlichsten von allem: bei der Komik. Beim Lachen. Die Unterhosen-Sahnetorten-Komik oder auch die Situations-Komik Labiches (der allerdings ein Genie seines Genres ist) sind relativ eindimensional und leicht herstellbar. Ich kann so etwas durchaus. DER SPRUNG IN DER SCHÜSSEL etwa gehört nicht unbedingt zu meinen Lieblingsstücken, aber es hat ein Riesenvergnügen bereitet, es zu schreiben, weil es ganz extrem, geradezu hemmungslos auf den Boulevard-Mechanismen beruht. Ständig tritt einer ab und einer auf, und es ist immer der Falsche im falschen Augenblick. So etwas kann man nicht mit Schweiß erarbeiten. Das läuft entweder oder es läuft nicht, es geht schnell oder gar nicht.

Das ist die eine Ebene. Aber es ist ja auch ein Nach-68-Stück erster Güte mit vielen Facetten: ich lese das bei aller Komik – es heißt ja sogar Farce – auch inhaltlich.

Technik und Inhalt haben immer mit einander zu tun. Wie könnte es anders sein. In DER SPRUNG IN DER SCHÜSSEL liegt die Kraft der Komik durchaus darin, dass politisch brisante beziehungsweise existentielle Fragen in einem hemmungslosen Slapstick-Stil abgehandelt werden.

Also die Technik des Boulevard-Theater nützen und ihr nicht aufsitzen?

Es gibt Länder mit einer großen Boulevard-Tradition, Frankreich und England, wo auch die Größten der Großen hie und da in einer Boulevard-Rolle glänzen wollen. Deutschland und die Schweiz gehören nicht dazu. Manchmal habe ich das bedauert. Wäre ich Engländer, hätte es mich wahrscheinlich ins Londoner West End verschlagen. Es gibt riesige Boulevard-Könner, die ich sehr bewundere. Labiche an erster Stelle, der eine geradezu industrielle Produktion seiner Stücke betrieb. Handwerk, aber auf welchem Niveau! Es bewegen mich allerdings die noch mehr, die das Handwerk des Komischen beherrschen, aber doch eine Dimension mehr haben als Labiche oder Marcel Achard. Natürlich ziele ich, als Beispiel dafür, schon wieder auf Beckett. Ihm gelingt es, im gleichen Dialog sowohl urkomisch als auch tieftragisch zu sein. Gleichzeitig und ununterscheidbar. So etwas habe ich auch angestrebt. Hie und da ist es gelungen.

Beckett und Labiche hast du dir angeeignet, indem du sie übersetzt hast. Du hast, wie mir scheint, sie nicht nur als Auftrag übersetzt, sondern du hast eine Wahlverwandtschaft gewittert und sie ausgenutzt.

Es gibt nur eine Art, einen Text wirklich genau zu lesen, und die ist, ihn zu übersetzen. Ich habe Joseph Conrad übersetzt, weil ich *Heart of Darkness* in mich aufsaugen wollte (und natürlich, weil mir die alten Übersetzungen nicht behagten). Auch bei Beckett war das so. Ich habe WARTEN AUF GODOT ins Schweizerdeutsche übertragen. Nicht-helvetische Menschen, die davon hören, sind oft entsetzt. Für sie ist die Verwendung von Dialekt a priori schon eine Verulkung. Meine Übersetzung aber war ein philologisch korrekter, lebensprallrer, sinnlicher, theatralischer Versuch, das Stück möglichst genau in die Sprache meiner Heimat zu übertragen. Der Dialekt ist in der Schweiz keine Skurrilität, *alle* sprechen ihn. Meine Übersetzung ist auch eine implizite Polemik gegen die hochdeutsche Version von Elmar Tophoven, die, weil sie Becketts Placet bekam, als sakrosankt gilt, meiner Meinung nach aber ihre Defizite hat. Natürlich hat Tophoven begriffen, wie genau Beckett mit Schlüsselbegriffen und Wortwiederholungen arbeitet. Da ist er so präzis wie der Originaltext. Dummerweise aber hielt er Beckett für einen Heiligen, und ein Heiliger ist nicht komisch. Tophoven selber hatte keinerlei Humor. Also hat er die gesamte, großartige

Kalauer-Seite des Textes wegübersetzt. Was nicht sein darf, kann nicht sein. Man kann das sogar an Becketts eigener Inszenierung in Berlin nachprüfen, einer eigentlich legendären Aufführung. Da kommt der erste Lacher nach der Pause. Es macht das Stück aber nicht klein, wenn die Leute lachen. Wir haben es in der wunderbaren Aufführung in Zürich gesehen. Die Leute haben sehr bald herzlich gelacht, und das hat das Stück größer gemacht, nicht kleiner. Beckett hatte sich übrigens, als er von meinem Plan hörte, zuerst gewehrt. Auch er dachte, dass wir seinen Text verblöden wollten. Nur durch die Intervention eines gemeinsamen Freundes, Walter Boehlich, dem auch Beckett sehr vertraute, wurde meine Arbeit möglich.

Damit wird ja implizit die Aufführungspraxis problematisiert. Wie wird Beckett gespielt, wie wird er verstanden? Bei komischen Stücken haben ja die Macher oft das Gefühl, sie müssten zeigen, dass sie die Komik beherrschen und dass sie es komisch meinen. Und eigentlich ruinieren sie damit das, was geschrieben ist.

Die guten Schauspieler machen das nicht. Ruedi Walter, ein Erzkomiker, hat in unserer Beckett-Aufführung nie auf einen Lacher gewartet, obwohl das durchaus eine Unsitte des populären Theaters ist. Nie, nie, nie darf der Text oder der Schauspieler den Zuschauer auffordern zu lachen. Es ist der Tod jeder Szene. Wir sind konditioniert, bei bestimmten Dingen zu lachen. Bananenschale, würdiger Pastor, ein sicherer Lacher. Deswegen ist es nicht so schwierig, ein Oberflächen-Lach-Stück zu schreiben. Du brauchst nur genügend Bananen, und Pastoren. Ein Stück wie ALLES KLAR zum Beispiel, eine potentielle Lach-Orgie, muss todernst gespielt werden. Die Leute lachen dann schon. Und wenn nicht, ist die Aufführung deswegen nicht unbedingt schlechter. Es wäre interessant zu sehen, was passierte, wenn man das Stück von A bis Z ernst auffasste und es so inszenierte. Das Stück handelt ja immerhin davon, dass kein

Mensch den anderen auch nur ansatzweise versteht, und von der allgemeinen Gewalt, der Gewalttätigkeit aller gegen alle. Das ist nichts Komisches. Oder ich könnte mir umgekehrt vorstellen, dass man DAS LETZTE BAND von Beckett als Slapstick spielt. Ganz ohne jenen depressiven Minetti-Ernst, den auch Minetti schon aus der Tradition des Stücks hatte.

Mit anderen Worten, sozusagen als Praxishinweis: Man muss gerade komische Stücke mit einer absolut stoischen Rede und Verhaltensweise spielen, quasi nicht wissend, wie grotesk, wie absurd, wie hirnrissig das eigentlich ist. Und dann ist es sowohl ernsthaft wie auch komisch.

Weder Buster Keaton noch Charlie Chaplin lachen. Stoisch, das ist ein tauglicher Begriff. Man muss das Komische stoisch spielen.

Ich komme noch auf zwei weitere deiner Gottheiten: Laurel und Hardy.

Die lachen auch nicht.

Sie haben alles, was du liebst: ein traumhaftes Timing und ein zärtliches Zusammenspiel und eine unglaubliche Ernsthaftigkeit. Wenn Ollie manchmal lacht, ist das eher ein Zeichen seiner Verlegenheit und nicht, um zu zeigen, dass es komisch ist.

Natürlich. Die beiden sind immer in bedrängenden, oft sehr gefährlichen Situationen, das Klavier rutscht beispielsweise gerade weg, und das ist für sie überhaupt nicht komisch, sondern hoch dramatisch. In der Tat gehören die beiden zu meinen Göttern. Es sind ganz große Künstler. Ich sehe zwischen ihnen und Beckett keine unüberbrückbaren Unterschiede.

Noch etwas anderes drängt sich mir beim Nachdenken über die Komik und darüber, wie du arbeitest und wo die Quellen liegen, auf: das Wort Obsession. Eine Gemeinsamkeit deiner Stücke ist eine unglaubliche Obsession aller Figuren. Die wollen um jeden Preis irgendwo hin und wissen oft nicht, wie man es macht, verstehen nicht, was ihnen in den Weg gelegt wird.

Schon meine Arbeit als Autor hat etwas Obsessives. Es ist einfach, ein erstes Buch zu schreiben. Ein erstes Stück. Aber es ist schwierig und braucht eine gehörige Portion Obsession – etwas durchaus Unfreiwilliges also –, so etwas vierzig oder fünfzig Jahre lang zu tun. *Nulla dies sine linea,* das gilt für mich tatsächlich. Auf Reisen schreibe ich im Kopf. Gehend oder fahrend schreibt es sich sogar noch besser als sitzend.

Das ist die eine Seite der Obsession, aber die andere ist quasi eine metaphysische, nämlich als Hamster gegen das Rad des Schicksals anlaufen. Das meinte ich mehr.

Gutes Bild. Meine Figuren tun es in den Stücken, und ich tue es im wirklichen Leben.

Das ist ein Weltbild von dir?

Ich bin Katastrophiker. Ich bin Apokalyptiker. Ich schreibe für's Leben gern Menschheitskatastrophen und Weltuntergänge. Mein Leben hat mir zwar eine unfassbare Menge Glück gebracht, eine schier unglaubliche Kontinuität. Siebzig Jahre Frieden. Frau, Kind, Enkelin, Gesundheit, und das Haus ist auch nie abgebrannt. Ich habe keine Brüche der Existenz erleben müssen. Das sind Geschenke, mit denen ich nicht gerechnet habe. Ich bin durch diese glückhafte Erfahrung in der Tat ruhiger geworden, sehr zu meinem Gewinn, aber die Sensoren meines schwarzen Kerns erwarten trotzdem auch heute noch, dass der Blitz aus dem heiteren Himmel fährt oder dass dieser einstürzt.

Bei aller Kontinuität, die du eben für dein Schreiben entwickelt hast, hast du dich aber doch auch verändert.

Ich bin angstfreier geworden. Ich schrieb früher Angstliteratur, auch wenn diese durchaus leichte und lockere Formen annehmen konnte. *Nepal!* In der Prosa ist das noch deutlicher. *Die Forschungsreise* ist eine einzige riesige Angstbewältigungsanstrengung, die – wie das mit den Ängsten so ist – nur halbwegs gelingen kann. Ich war einst ganz wirklich, auch außerhalb der Literatur, von Ängsten geschüttelt. Mindestens so sehr, dass ich aus Not, und nicht aus intellektueller Neugier, eine erste Psychoanalyse begann. Gleichzeitig schrieb ich, wie von den Furien gehetzt. Was hat nun was bewirkt? Was die analytische Arbeit, was mein Schreiben? Das Echo der Ängste lebt immer noch in mir, so beherrscht immerhin, dass ich sie bei Bedarf aus ihrer Schublade ziehen kann, ohne dass sie mich gleich wieder überschwemmen. Im Gegenteil, ich kann sie für meine Arbeit einsetzen. So habe ich viele Schubladen, die ich aufziehen kann und in denen vielfältige Erfahrungen lagern.

Eine auffallende Konstanz muss ich doch auch noch ansprechen: In deinen Stücken gibt es eigentlich keine Liebespaare, jedenfalls nicht im Sinne von Beziehungskisten.

Ich habe Liebe und Sexualität nie zum Kern eines Stückes gemacht. Ich weiß nicht, warum. Unfähigkeit? Scheu? Oder sind in mir die Liebesbeziehungen zwischen Männern und Frauen nicht so konfliktbesetzt, dass sie zu einem dramatischen Ausdruck drängten? Ohne Sinnlichkeit sind meine Stücke nämlich nicht, ohne Liebe und Leben, allein vielleicht schon deshalb, weil für mich das Schreiben selber erotisiert ist. Ein poetisch aufgeladener Satz löst in mir – und hoffentlich auch in den Zuschauern oder Lesern – eine hohe Erregung aus. Ein dichterischer Text ist *per se* erotisch. Vielleicht fürchte ich, tautologisch zu sprechen, wenn ich auf diese implizite Erotik eine explizite draufsattle. Der Geschlechterkrieg ist nicht mein Thema.

Ich meinte nicht den Geschlechterkrieg. Aber alles, womit sich die Figuren herumschlagen, ist wichtiger als die Liebe. Ist das zu krass formuliert?

Ich war lebenslang und bin immer noch (Tendenz abnehmend) so sehr ein Spielball meiner Triebe, dass ich mich wundern würde, wenn meine Erfindungen nichts davon abbekommen hätten. Aber offenbar bewegt mich anderes mehr. Ich scheine mich besonders für – liebenswert oder trostlos – Scheiternde zu interessieren. Für Sündenböcke. Für Männer mit einem großen, aber durchaus mickrigen Narzissmus. Horst in ZÜST ist so einer, auch die Manager in TOP DOGS passen in dieses Muster. Und natürlich Frölicher und Jeanmaire. Bei Jeanmaire und bei Frölicher habe ich erst angefangen, mich wirklich für sie zu interessieren – über die politische Polemik hinaus –, als ich erkannte, dass sie (zwei eher durchschnittliche Köpfe, die in hohen, für sie eigentlich zu hohen Positionen des Staates gelandet waren) nicht nur Täter waren – blöd oder schuldhaft –, sondern auch Opfer. Bei Jeanmaire liegt das auf der Hand. Aber auch Frölicher, der im wirklichen Leben einen Demokraten gar nicht so recht von einem Nazi unterscheiden konnte und mit beiden gleich gern um Privilegien, Zugeständnisse und Geld feilschte, wurde nach 1945 zum Opfer, mindestens zu einem »Opfer« in Anführungszeichen. Plötzlich nämlich zeigten alle, die *Neue Zürcher Zeitung* allen voran, angewidert auf ihn. Er wurde so etwas wie der einzige Nazi, den die Schweiz hervorgebracht hatte, und geächtet. Kein Mensch mehr lud ihn zum Nachtessen ein. Er hat darunter gelitten und eine eher wehleidige Lebensgeschichte geschrieben, um sich zu verteidigen. Natürlich machte diese alles nur noch schlimmer. – Solche Geschichten interessieren mich. Dass damit, Hand in Hand, eine politische Aufklärung mitläuft, nehme ich billigend in Kauf. Sie ist notwendig, aber sie kann nicht allein der Auslöser einer dramatischen Arbeit sein. Als ich FRÖLICHER schrieb, war das Verhalten der Schweiz im Zweiten Weltkrieg keineswegs so aufgearbeitet wie es heute ist. Wenn ich ein bisschen zu diesem Prozess beigetragen haben sollte, würde mich das freuen. Im Übrigen hoffe ich immer noch auf eine Inszenierung in Berlin, die Frölichers grotesk-tragische Diplomatie-Anstrengungen von der deutschen Seite aus beleuchtete. Das gleiche Stück, aber in der Gegenrichtung gesehen.

Ich erinnere mich an eine kleine, schriftliche Bemerkung von dir, in einer Ausgabe von Mein heimliches Auge. *Dort hast du geschrieben: Ich kann Ihnen nichts liefern, denn ich bin ein zu schamvoller Mensch.*

Scham ist ein wirkungsmächtiges Gefühl, und vielleicht ist sie mir ja tatsächlich bei meinen Frauenrollen in den Arm gefallen. Aber das Theater – eine Kunstform, die alles kann, nur nicht Wirklichkeit »sein« im Maßstab eins zu eins – ist just geeignet, die Schamgrenzen des Alltags zu verschieben. Probeweise anders zu definieren, radikaler, ohne dass die Zuschauer – geschützt im dunklen Theaterraum – gleich auf Abwehr schalten und sich taub und blind stellen. Die Sexualität – um noch einmal davon zu sprechen – ist eben kein besonders schambesetzter Bereich mehr. Kein Mensch mehr schämt sich, dass er sexuell handelt. Es soll einfach nur intim bleiben. Auf anderen Gebieten, Lüge, Verrat, Versagen, gescheiterter Ehrgeiz, Neid, Kränkungen, Größenphantasien, die uns zu oberpeinlichen Handlungen verführen, da gibt es ein unendlich großes Schampotential. Kann sein, dass mir dieses dramaturgisch ergiebiger erscheint.

Kehren wir also wieder zu konkreten Stücken zurück: du hast Theaterstücke geschrieben, die du schreiben wolltest, Stücke, für die man dir eine Anregung gegeben hat, die du aber trotzdem so geschrieben hast, wie du wolltest, und Stücke, wie Top Dogs *und* Die schwarze Spinne, *die aus dem ganz konkreten Theaterbetrieb heraus entstanden sind.*

Jedes Stück hat seine eigene Geschichte. Aber ich wollte früh schon »machen«, also an der Umsetzung für die Bühne direkt beteiligt sein. Bei TOP DOGS war es so: Volker Hesse kam mit der Stückidee zu mir. Er hatte eben ein Projekt gemacht, das INSEKTEN hieß. Das war sehr gelungen, aber es war für alle Beteiligten ein Ritt über den Bodensee gewesen. Volker und die Schauspieler hatten sich den Text zusammengeschustert – gut übrigens –, und noch einmal wollte Volker so nicht arbeiten. Er wollte ein Projekt im Bereich Ökonomie machen, aber diesmal mit einem Autor, der die Texte schrieb. (Und zum Ethnologen taugte; die Manager kamen uns oft wie die Angehörigen eines fremden Indianerstamms vor.) Wir haben das Stück von Probe zu Probe zusammen entwickelt. Ich habe immer geschrieben, jedes Wort in dem Stück ist von mir. Na ja, nicht *jedes*. In den Proben gab es wunderbare Improvisationen. Ich kann mich daran erinnern, wie die probengereizte Julika Jenkins dem probenunglücklich vor sich hin motzenden Michael Neuenschwander einen vollkommen absurden Satz an den Kopf warf (›Das Rollenspiel ist ein Baustein in einer Kette von persönlichkeitsstützenden Maßnahmen‹), der stehen blieb, weil er in seiner totalen Sinnlosigkeit so großartig war. Wir haben immer so getan, als ob. Als ob wir die Interviews schon gemacht hätten. Als ob ich das Stück schon geschrieben hätte. Wie der Hase und der Igel lief ich drei Monate lang zwischen Gesprächen mit Managern, dem Schreibtisch und den Proben hin und her. Ich war in *jeder* Probe, einmal abgesehen davon, dass ich die letzte große Szene – eine Apokalypse bezeichnenderweise – auf der Intensivstation des Uni-Spitals schrieb, weil eine Infektion mein Herz erwischt hatte und die Ärzte mir ein paar Millionen Einheiten Penizillin ins Blut jagten.

War die Arbeit an DIE SCHWARZE SPINNE *ähnlich?*

Die Entstehung von DIE SCHWARZE SPINNE hängt natürlich mit TOP DOGS zusammen. Die gemeinsame Arbeit mit Volker Hesse war so glücklich gewesen, dass bei ihm und mir bald der Wunsch erwachte, nochmals etwas zusammen zu machen. Wir wussten vorerst nur eins: kein TOP DOGS 2. Etwas ästhetisch und inhaltlich ganz anderes. Der Gedanke, sich der *Schwarzen Spinne* anzunehmen, kam von Volker Hesse. Er sagte mir, was für ein gewaltiger Stoff das sei – in der Tat ist die Erfindung Gotthelfs ein apokalyptischer Mordrausch erster Güte –, und während er erzählte, wurde mir klar, dass er das Stück längst sah. Er sah die Bilder. Ihm fehlte einmal mehr nur der Text. Ich sagte ihm also: Diesmal bin ich deine Zitrone. Du kannst aus mir herauspressen, was du willst. Du sagst mir, was du für die Szene brauchst, und ich liefere am nächsten Morgen. Dreiundzwanzig Sekunden mit dem und dem Inhalt, und ich schreibe dir dreiundzwanzig Sekunden mit dem und dem Inhalt, und erst noch in Berndeutsch. Der Text wurde immer weniger. Aber ich war einverstanden damit. Die Arbeit war wunderbar, und sie war sehr anstrengend. Denn ich musste ja der sprudelnde Urs sein, tolle Angebote machen, und musste aushalten, dass ziemlich viele meiner tollen Erfindungen im Müll landeten. Gott sei Dank bin ich ein Meister im Streichen. Es ist ja auch etwas Gutes dabei herausgekommen. In dieser Form nicht nachspielbar übrigens, weil die Musik der Patent Ochsner ein wichtiger Teil des Stücks war und so nur von ihnen gespielt werden konnte.

War das also ein anderes Schreiben als bei deinen früheren Stücken?

Die Arbeit an TOP DOGS war vielleicht besonders beschwingt, weil ich während der Arbeit mehr und mehr begriff, dass ich mit diesem Stoff auf eine Goldader gestoßen war. Wir haben vorhin von der Sprache gesprochen. Dass sich die Figuren aus einem Sprachsamenkorn entwickeln können. Das ist aber nur die eine Hälfte der Geschichte. Ich sehe auch alles. Ich sehe die Szene und das, was die Figuren darauf tun. Dahin gehen, den anschauen, stolpern. Ich glaube nicht, dass ich eine Figur auf der Bühne vergessen könnte, ich sehe ja, dass sie auch da ist. Logisch eigentlich, dass ich bald selber inszeniert habe, weil ich meine Vision, wenn du das hohe Wort zulässt, möglichst genau umsetzen wollte. Dass die Schauspieler in den Proben dennoch das Kommando übernehmen, ist eine wundervolle Bereicherung. Ich liebe Schauspieler, Schauspielerinnen und nehme jeden Fug und Unfug auf, den sie anbieten. Ich werde nur ungeduldig, wenn sie dumm, apathisch, leidenschaftslos gegen den Sinn der Szene spielen wollen. Und wenn sie den Text nicht gelernt haben.

Ich finde es eine wichtige Ergänzung zu dem, was wir am Anfang gesagt haben, dass du nämlich doch auch immer in Bildern, in action *gedacht hast.*

Ich denke in bildhaften Handlungsabläufen. Eine Szene ist im Idealfall für den Stückzusammenhang so selbstverständlich notwendig, dass sie sich beim Schreiben Wort für Wort wie von selber zusammenfügt. Eins folgt aus dem anderen, weil es anders gar nicht möglich wäre. Im idealsten Idealfall kommt das ganze Stück so zustande. Das Stück hat dann natürlich Sprache, aber diese Sprache hat sich von selber eingestellt und ist keine angestrengte Suche nach dem schönen Ausdruck. Notwenig, ich wiederhole mein Lieblingswort. Natürlich sind die Kellner-Szenen in FRÖLICHER Sprachspiele. Aber in ZÜST zum Beispiel geht es immer wieder auch darum, wer wann wen warum anschaut. Eugen übrigens, nicht zu vergessen, ist eine *stumme* Rolle. Eugen könnte sprechen, er tut's aber nicht, und wenn er, am Schluss, dann jäh spricht, seit 1936 zum ersten Mal wieder, ist das ein sehr schöner Moment.

Es gibt also diese zwei unterschiedlichen Quellen für deine Stücke: das Sprachsamenkorn und dein Denken in Bildern und Abläufen.

Vielleicht habe ich darum von allem Anfang an das Theater gebraucht. Ich bin kein Prosaautor, der dann irgendwann einmal auf die Idee kam, auch Theater zu machen. Mein erstes Prosa-Buch sogar, *Alois,* bestand zuerst aus Szenen. Theater! Leider haben sich diese ersten Versuche irgendwohin verkrümelt, auf Nimmerwiedersehen. Ich war immer einer, der viel lieber hinter der Bühne als im Zuschauerraum war. Da, wo die Illusion hergestellt wird. Ich wollte hinter's Geheimnis kommen. In der Kinderfamilie – wir haben davon gesprochen – sah ich das Schauspiel immer nur von vorn, und hinter die Kulissen durfte ich nicht schauen. Die Szene des Familientheaters war herrlich ausgeleuchtet, tadellos. Erst wenn Mama und Papa abtraten, blitzten die Messer. Ich hörte ihr Zischeln durch die Mauern, das Schluchzen der Mama, das Brüllen des Papa. Ich hatte auch die Fantasie, dass die sichtbare Welt in Wirklichkeit eine gemalte Kulisse sei. Dass ich irgendwie, durch einen Riss in der Schöpfung, auf die andere Seite gelangen könnte und *sähe.* Es wäre entsetzlich, vermutlich, aber ich wäre nicht mehr der Betrogene und erführe die Wahrheit. Ich sähe die Schicksalsdämonen, wie sie an den Fäden zogen und am anderen Ende Mama und Papa zappelten. Und ich. Ein Strippenzieher des Schicksals zu werden, und sei's nur in der Simulation des Theaters, das war doch die bessere Option als für den Rest meiner Tage ein blindes Opfer auf der Bühne des Lebens zu bleiben!

Könnte man sagen, dass in diesem Gefälle von Alltag und Geschichte der Wunsch keimte, Burleske und Tragödie zu versöhnen?

Ich hatte einen Jugendblütentraum, der nicht Wirklichkeit geworden ist – oder zu einem Teil eigentlich doch. Ein Theater zu machen – Theater in meiner Umgangssprache, in Zürich zuerst einmal – das U und E zusammenbrächte. Theater mit den komödiantischen Mitteln der so genannten Volksschauspieler und den Ansprüchen und Errungenschaften des Hoch-Theaters. Damals waren U und E viel deutlicher getrennt als heute, und es gab kaum einen Transfer zwischen dem unsubventionierten, so genannt freien Theater und den subventionierten Staats-Bühnen. Ein Mitglied des Schauspielhauses (es mag die eine oder andere Ausnahme gegeben haben) wäre nie zu einer Premiere Ruedi Walters gegangen, und auch dieser sah seinen fernen Kollegen am Pfauen skeptisch zu. Er konnte den ganzen Betrieb nicht riechen, um es deutlicher zu sagen. (Erst und nur im freien Theater hörte ich, dass Schauspieler, wenn sie sich trennten, ›Heb Sorg zue dr‹ sagten. Ein Staatsschauspieler sagte das nie.) Ich war ein Grenzgänger und hatte keine Berührungsängste. Ich wusste auch, wie gut die so genannten Volksschauspieler sein konnten, von denen Ruedi Walter der beste war. Wie präzise. Zu meiner Bekanntschaft mit Walter, die fast so etwas wie eine Freundschaft wurde, kam es durch meine Übersetzung von WARTEN AUF GODOT. Den Anstoß dazu gab Max Peter Ammann, der damals die Abteilung Dramatik des Schweizer Fernsehens leitete. WARTEN AUF GODOT wurde fast idealtypisch zu jener Verbindung von Elementen, die sich sonst – zumeist wenigstens – radikal abstießen: Hochtheater, Volkstheater, Fernsehen. Es wird mir unvergesslich bleiben, wie Ruedi Walter, der den Estragon spielte, in den ersten Proben nur Bahnhof verstand und dann dem Stück, wie in einer jähen Erleuchtung, von einem Tag auf den anderen auf die Schliche kam. Am Schluss spielte er so, als spiele er mit Becketts Text sein eigenes Leben. So sehr vielleicht, dass er während der Hauptprobe einen Herzinfarkt hatte und das Stück ein ganzes Jahr auf Eis gelegt werden musste. Max Peter Ammann wurde dann abgesägt, und seither hat das Schweizer Fernsehen keine Abteilung Dramatik mehr. Man sieht es den Programmen an. Meine Geschichte mit Ruedi Walter und damit mit meinen Volkstheater-Hoffnungen ging dann so weiter: Walters Bühnenpartnerin, Margrit Rainer, starb, und er stürzte in eine schwere Depression. Spielte nicht mehr. Hans Hausmann vom Radio Basel fragte mich, ob ich nicht ein Rettungsstück schreiben könne, das Walter dazu brächte, aus seinem Mauseloch hervorzukriechen. So schrieb ich eine erste Version von DR NEU NOAH, eine Hör-Version. Ruedi

Walter akzeptierte tatsächlich und wurde bei der Arbeit wieder regelrecht fröhlich. Ich führte Regie. Ich sehe noch, wie wir in der Tram 16 vom Studio zum Bahnhof fuhren. Ich sagte: Ruedi, wenn du jetzt ja sagst, schreibe ich ein Stück auf der Grundlage des Hörspiels. (Das soll man nie tun, ein Hörspiel in ein Bühnenstück umschreiben, oder umgekehrt!) Ruedi sagte ja. Das Schauspielhaus Zürich war auch bereit, es zu spielen, und damit war ein weiterer Schritt getan in die Richtung, von der ich träumte, nämlich dass die Könner des Volkstheaters (im NEUEN NOAH war auch Inigo Gallo dabei) mit den Könnern des Hochtheaters (in diesem Fall Peter Ahrens, Peter Brogle und Maja Stolle) zusammen spielten. Nun lag es an mir, ein Stück hinzukriegen, das komisch war *und* mehr Substanz erhielt als das Bühnenalltagsfutter des Bernhard-Theaters. Nun ja: das Stück war jedenfalls erfolgreich. Die alten Spannungen kamen aber trotzdem da und dort hoch. Kleine Rivalitäten in den Proben, und Peter Brogle, der von allem erkennbar wenig hielt, spielte seinen Noah in *jeder* Probe und dann auch in allen Aufführungen unvorhersehbar anders. (An einer Stelle sollte er eine Banane essen, oder einen Apfel?, und holte, immer neu, entweder eine Ananas oder eine Himbeere aus der Tasche.) Oder: Ruedi Walter hatte einen Morgenmantel geschneidert bekommen – er trug ihn während des größten Teils des Stücks –, in dem er wie ein Astronaut aussah. (Ich hatte die Gefahr in den Zeichnungen nicht erkannt.) Es war nachvollziehbar, dass er sich weigerte, in dem steifen Silberpanzer aufzutreten. Als wir auch in der Hauptprobe noch immer keinen neuen Mantel hatten, ging ich einfach zu Grieder und kaufte einen. Für 600 Franken, bei Grieder ist das ein Schnäppchen. Erst wollte ich das Geld zurück, und als ich es nicht kriegte, schenkte ich den Mantel nach der Dernière Ruedi. Da erfuhr er natürlich die Geschichte. Er war so aufgebracht, dass er am nächsten Morgen ins Büro des Intendanten stürmte, ihm ein paar Schuhe auf den Tisch knallte und sagte, in denen habe er all die Vorstellungen gespielt (hatte er auch), das seien *seine* privaten Schuhe, und er wolle 600 Franken dafür. Er kriegte 200, wenn ich mich recht erinnere, und brachte sie mir am gleichen Tag noch, listig grinsend. Auch führte ich dann noch heftige Telefongespräche mit einer Dame vom Schauspielhaus, die behauptete, ich hätte die Bettwäsche meiner Unterkunft mitlaufen lassen. So viel zur Kompatibilität von Volks- und Staatsschauspiel.

Die Telearena *im Schweizer Fernsehen von Max Peter Ammann war ja auch so ein Versuch, inhaltliche Dinge mit einer publikumsfreundlichen, dramaturgisch offenen Form zu verknüpfen, eigentlich ein Volkstheaterprogramm, aber immer verbunden mit Problemen, die im Moment im Schwange waren.*

Ich habe ein paar Sachen für Ammann gemacht. Zum Beispiel eine Dialektversion des TALISMAN von Nestroy. Nach der Aufführung wurde dann das Problem der Ausgrenzung von Minoritäten diskutiert.

Ich kann zwar nicht sagen, du bist ein Volksschriftsteller, das wäre etwas gewagt, aber in der Rezeption deines Werks zeigt sich doch, dass du nicht als hehrer, hoher Autor wahrgenommen wirst, sondern eher als einer, der fürs Publikum schreibt und erzählt. Das ist doch ehrenvoll, oder?

Es ist ja auch alles in Ordnung. In der Prosa werde ich mittlerweile sogar sehr heftig wahrgenommen. Die Zeit ist auch vorbei, da ich ein bisschen darunter litt, dass ich, wenn überhaupt, als der lustige Purzel von den Alpen rezipiert wurde. Aber es gibt immer noch jede Menge Prosa-Leserinnen und -Leser, die keine Ahnung haben, dass ich Theater schreibe. Nicht mal TOP DOGS hat dem abgeholfen.

Vielleicht liegt es auch daran, dass du, obwohl mehrere deiner Stücke sehr erfolgreich waren, trotzdem bisher kaum an den Staatstheatern gespielt worden bist.

Was mir gefehlt hat, ist, salopp gesagt, ein Boss an einem der sehr großen Häuser mit Signalwirkung – Burgtheater oder die Schaubühne von damals –, der sich in mich verliebt hätte, so wie sich Peymann in Thomas Bernhard verliebte, dann auch in Peter Handke, Botho Strauss, Elfriede Jelinek. Natürlich verdienen die seine Liebe und ihren Erfolg. Und ich hatte sehr bald – waren es die sauren Trauben? War es eine Sehnsucht nach herzlichen, unhierarchischen Arbeitsmethoden? – einen heftigen Hang zu freien Gruppen und unbürokratisch arbeitenden kleinen Bühnen. Dass ich mit Annette Spola und dem Theater am Sozialamt zusammenkam, war für mich ein phantastischer Glücksfall. Und in die Leute vom Vaudeville-Theater habe *ich* mich regelrecht verliebt. Mein Burgtheater wurde das Neumarkt in Zürich.

Haben dich negative Besprechungen, die zum Teil auch darauf beruhen, dass nur eine Ebene wahrgenommen wird, wie wir vorhin sagten, nie in deinem Schaffensdrang gelähmt?

Nein, überhaupt nicht. Die Ablehnung war ja auch nie vollkommen. Ich war im Übrigen fast sofort ein *writers' writer*, das heißt in der eigenen Branche war ich alles andere als einsam. Ich hatte immer Gruppen-Bindungen. So war ich zum Beispiel in den heißen Jahren von Graz immer dabei. In Frankfurt hatte ich den Verlag der Autoren und kannte jeden am Theater am Turm und am Schauspielhaus. Isoliert wäre ich zugrunde gegangen.

Möglicherweise spielt aber bei der Wahrnehmung deines Schaffens auch eine Rolle: Du ziehst von Basel weg, willst eine andere Welt kennenlernen, du musst nach Frankfurt, ein ganz anderes Umfeld haben. Zuerst rezipiert man dich nicht als Autor aus der Schweiz. Aber mit Stücken wie NEPAL *wirst du zum Schweizer Autor, und das zu einer Zeit, als die Mundart noch der Abfallhaufen der Sprache war. Das hat sich zwar inzwischen verändert, aber damit nagelt man dich fest. Dann kommst du zurück in die Schweiz. Du sagst zwar, dass du kein Schweizer Autor sein und dass du kein Wort über die Schweiz verlieren willst: aber damit scheiterst du in beiden Fällen großartig, wie du selbst sagst. An diesem Werdegang liegt es vielleicht auch, dass die Anerkennungschance nicht so groß ist wie wenn du in Berlin oder Wien säßest. Vielleicht bist du auch durch deine Familien – und Heimatbindungen nie zu dem gekommen, was dir wirklich zusteht.*

Mir steht gar nichts zu. Vermutlich ist trotzdem richtig, was du sagst.

Gibt es auch so etwas wie Ausblicke?

Ich werde siebzig. Vielleicht stimmt der Satz, dass das Drama etwas für junge Menschen ist. Irgendwann einmal hat man das letzte Stück geschrieben.

Mir gefällt es, wenn du sagst: Ich glaube, es könnte auch das Ende sein, weil es so gar nicht passt zu dieser Welt, wo jeder sich selbst aufbaut, damit er aufgebaut wird. Du machst kein Glücksversprechen. Damit sagst du auch, ich habe eine bestimmte Arbeit getan – und das finde ich ausgesprochen sympathisch. Es ist nur nicht sehr publicity-trächtig.

Sowieso fühle ich mich nach diesem Gespräch einigermaßen seltsam. Ich habe das Gefühl, eine Art Schlussprotokoll meines Lebens zu geben. Ende der Fahnenstange? Schau mer mal, wie Franz Beckenbauer sagt.

Zürich, Januar 2008

Hm

PATIENT Ich kann sagen, was ich will. Ich kann mir den Mund fusselig reden: Sie sagen immer nur »Hm«.
PSYCHOANALYTIKER Hm.
PATIENT Ich bezahle Sie doch nicht dafür, dass Sie immer nur Hm sagen.
PSYCHOANALYTIKER Hm.
PATIENT Nimmt hundertvierzig pro Stunde und sagt Hm. Hm, hm, hm. Ich kann Ihnen die größten Ungeheuerlichkeiten berichten, Dinge, die mich tief belasten, dass ich gerade einen betrügerischen Konkurs hingelegt habe, dass meine letzte Bilanz ein einziger Beschiss ist, aber sowas von frisiert!, dass meine Steuererklärung eine Ohrfeige ins Gesicht der ehrlich arbeitenden Bevölkerung ist: Und Sie sagen immer nur Hm.
PSYCHOANALYTIKER Hm.
PATIENT Ich schwimme im unehrlich verdienten Geld, und ich leide darunter, und was sagen Sie?
PSYCHOANALYTIKER *sagt nichts.*
PATIENT Nicht mal mehr Hm.
PSYCHOANALYTIKER *sagt nichts.*
PATIENT Langsam hab ich das Gefühl, Sie wollen Ihr Honorar erhöhen und wissen nur noch nicht, wie Sie mir das beibringen wollen.
PSYCHOANALYTIKER Bingo!

Facetten des Werks

Burleske Weisheit. Über STAN UND OLLIE IN DEUTSCHLAND
Von Beatrice von Matt

Ein famoses Stück, ein Spiel aus Spielen. Populäre und hochliterarische Muster scheinen durch. Kalkuliert bewegt es sich an der Grenze zur Blödel-Kunst und geht dabei kenntnisreich mit vielerlei Traditionen um. Indem es zitiert, andeutet, mixt, kombiniert, schafft es aus kulturellen Produkten einen wunderbar leichten Spieltext, modern wie Pop-Art. Überliefertes Material wird so elegant verwendet, dass ein Wunderwerk herausspringt, intellektuell und urkomisch zugleich. Wer die Anspielungen bemerkt, hat ein Heidenvergnügen, wer nicht darauf achtet, amüsiert sich trotzdem. Es gehört in die Zeit, in der es entstanden ist, die späten Siebzigerjahre, wirkt aber heute nicht weniger stark. Die Reflexion auf die Kunstindustrie, auf Stummfilm, Tonfilm, Literatur, Commedia dell'Arte, modernes Theater, verhindert nicht, dass die Komödie eine fast archaische Kraft entfaltet. Im Gegenteil. Die zwei aufmüpfigen Burschen, die das Geschehen dominieren, leuchten unmittelbar ein. Wir schlagen uns auf ihre Seite, weil sie treuherzig zusammen bleiben, weil sie Ausgelieferte sind, weil sie, malträtiert von anmaßenden Popanzen, diese dann doch immer wieder austricksen.

Urs Widmer setzt uns also ins Publikum und führt uns auf der Bühne Stan und Ollie vor. Wir kennen das Duo vom frühen Kino her, den kleineren dünnen Stan Laurel und den großen dicken Oliver Hardy. Zwischen 1921 und 1951 haben sie in Hollywood weit über hundert Filme gedreht, sind in Deutschland als »Dick und Doof« bekannt, in der Schweiz eher als »Laurel & Hardy«. Ob wir zwanzig oder siebzig oder fünfzig sind, wir unterhalten uns in Widmers Theater prächtig über die beiden gealterten Buben, wie sie flattern und zagen, auftrumpfen, mutig tun, Einfälle haben –

und wie es dann doch nichts nützt. Außer dass sie weiterhin beieinander hocken dürfen.
Slapstick-Einlagen kommen auch auf der Bühne zum Tragen, beim Introitus in dadaähnlichen Nonsense-Versen, in Tanzeinlagen, die an den Film *The Dancing Masters* erinnern mögen und natürlich im bekannten Outfit mit Anzug und Hüten, unterstützt von Engelsflügeln und Heiligenschein – und dies alles in einem Dialog, der an Souplesse und Hintersinn seinesgleichen sucht.
Gestorben wie sie sind, von Anfang an, sitzen sie am Schluss beim Teufel und probieren ein »menschliches Gesicht« aus. Man kann das, wenn man das Bedürfnis hat, als eine Art Botschaft lesen. Mit uns armen Kindermenschen hat es der Autor aber schön bunt getrieben. Seine listigen Figuren haben die Sechsjährige in uns geweckt, ihre Schlauheit und ihr Zutrauen, ihr Aufbegehren und ihre Angst – auch wenn wir, die wir immer so erwachsen tun, am Ende das Theater mit der gewohnten Souveränitäts-Maske verlassen.

Spiel mit Spielen

Wir haben eine Farce gesehen mit Stationendramaturgie zwischen Himmel, Erde, Hölle, ein Roadmovie mit metaphysischem Anstrich. Am Anfang begehren Stan und Ollie Einlass in den Himmel. In der ersten Fassung STAN UND OLLIE IN DEUTSCHLAND handelt es sich um einen deutschen Himmel mit Adenauer als einem von dessen Hauptbewohnern. Spätere Fassungen heißen: STAN UND OLLIE IN ÖSTERREICH, STAN UND OLLIE IN SALZBURG, STAN UND OLLIE I DR SCHWYZ oder STAN UND OLLIE IN DER SCHWEIZ, wo etwa Adenauer von Tell verdrängt wird.
Helden, die in den Himmel wollen, kennen wir vom Märchen und Schwank her, oder auch vom Kabarett Karl Valentins. »Halleluja« krächzte der Bayer auf seiner berühmten Wolke. »Halleluja« bemerkt wenig feierlich Stan zu Ollie. Es töne, gemäß Bühnenan-

merkung, so, wie man »uff sagt«. Es ist ein stöhnendes, nicht gerade erbautes »Uff«, ein »Uff« über Gott, genannt »Donnernde Stimme«. Er hat den beiden soeben eine etwas schiefe Performance geliefert. Ihr Ebenbild haben sie sich gemäß Ollie »allmächtiger«, »ewiger«, »rächender« vorgestellt. Obwohl nicht einmal Beethoven im Himmel zu finden ist, behauptet Gott, er sei musikalisch und man müsse eine Aufnahmeprüfung in Musik ablegen.
Ollies grässliche Posaunentöne kosten die beiden definitiv den Himmel. Dabei wäre er bei Widmer der Religiösere der beiden – so wie Wladimir in Becketts WARTEN AUF GODOT frommer redet als Estragon. Wie Wladimir bohrt Ollie ständig die Leute an mit der Frage: »Haben Sie die Bibel gelesen?« Hineingestürzt ins heiße Magma, will er das zuletzt sogar vom Teufel wissen. Der entspricht der »Donnernden Stimme« weiter oben, – nur dass er mit Huf und Schwanz ausgestattet ist. »Gelesen?« fragt der Teufel zurück, »geschrieben habe ich sie«. Und er doppelt nach, untermalt von satanischem Lachkrampf: »›Der Herr ist mein Hirte, mir wirds an nichts mangeln.‹ Stark, nicht?« »Wie der andere«, prustet Stan los, »wie Gott«. Angesichts der siedenden Hölle würden Kenner im Zuschauerraum für sich vielleicht gern den zweiten Vers nachschieben: »Er weidet mich auf einer grünen Aue und führet mich zum frischen Wasser« (Psalm 23). So kippt einer der schönsten und vertrauensvollsten Psalmen der Bibel ins Unheimliche.
In solchen Satiren werden die Gründe dafür sichtbar, dass Urs Widmer in seinen Romanen so gern das Wunderbare zur Realität hinzuerfindet. Er muss das Paradiesische, in der Erzählung »Das Paradies des Vergessens« etwa, selber gestalten: als goldüberhauchtes Dennoch eines traurigen Autors, dem es, nach eigenem Bekunden, dort, wo er wohnt, »irgendwie immer nicht schön genug« ist.
Widmers Stan und Ollie befinden sich in bester Gesellschaft. Manch ein Märchenheld der Gebrüder Grimm schafft die Aufnahme ins bessere Jenseits auch nur vorübergehend: Der *Schneider*

im Himmel etwa, der Gottes goldenen Fußschemel zornig auf die Erde wirft und dafür mit Himmelsverbot bestraft wird. Meister Pfriem im gleichnamigen Märchen darf nicht einmal eintreten, weil er immer so kritisch aufmuckt. Kafka spielt mehrfach mit dem Stoff, auch bei ihm bleibt man draußen. Bei Beckett wird sowieso vergeblich gewartet. Urs Widmers schweizerdeutsche Fassung WARTE UF DE GODOT wurde nicht zufällig 1980, ein Jahr nach der Münchner Uraufführung von STAN UND OLLIE IN DEUTSCHLAND, in Zürich gegeben.

Der Autor erzielt Volksnähe, indem er zur massiveren Farce hinter Beckett zurückgeht. Trotzdem bezieht er Material aus WARTEN AUF GODOT ein, schließt damit sein Stück unauffällig ans Umbruchswerk des modernen Theaters an. Wie Wladimir und Estragon wollen sich Stan und Ollie aufhängen – wissen aber nicht, wo. In beiden Stücken werden die Schauplätze umbenannt, je nach Spielort. »Vaucluse/Merdecluse« machte Beckett etwa in der deutschen Fassung zu »Breisgau/Scheißgau«. Analog geht Widmer vor, überlässt dem jeweiligen Regisseur die Kompetenz, lokale Anspielungen anzubringen. Stan und Ollie sollen im ortsüblichen Dialekt reden. Die beiden geben wie Wladimir und Estragon ein verschworenes Paar ab, das sich, Eheleuten ähnlich, hie und da ein bisschen zankt. Mehr noch als Beckett und mehr auch als die »Laurel & Hardy«-Filme ebnet Widmer die Differenz zwischen den beiden ein. These und Antithese fallen für ihn in der Moderne gänzlich zusammen. Sowohl er wie Beckett gehen aber auf das alte Kino zurück, die verästelte Seelenkunde der Čechov-Bühne zerschlagend. Die Trümmer würden dann, »fragmentarisch« wieder zusammengesetzt, so Widmer in seinen Frankfurter Poetikvorlesungen *Vom Leben, vom Tod und vom Übrigen auch dies und das.*

Das bewährte Männertandem hat freilich noch viel ältere Wurzeln, man denke an all die Herr-und-Diener-Konstellationen von der Commedia dell'Arte bis Molière und Goldoni, man denke an Don

Giovanni und Leporello, an Don Quijote und Sancho Pansa, an Max und Moritz. Bei vielen dieser Paarungen fällt auf, dass während der Abenteuer, die sie zusammen bestehen, der soziale Unterschied dahinschmilzt. Sie wehren sich dann oft gemeinsam gegen irgendwelche Herrschaften. So ist mit dem verschworenen Paar meistens auch Kritik an Machthabern unterschiedlichster Prägung verbunden. Nicht zuletzt bei Urs Widmer verhält sich das so.

Was uns für seinen Stan und seinen Ollie besonders einnimmt, das ist ihre Kindlichkeit. Die macht sie unantastbar. Naiv treten sie an jedes Machtsystem heran, von Gott zum Teufel und auf der Erde sowieso. Da begegnen sie einer ganzen Filiation von hohlen Autoritäten. Sie aber sind Begnadete. Sie sind wie Kinder, weil sie nicht wissen, was sie darstellen auf der Welt. Es rührt uns, wenn Stan – wie sein Vorbild im Film – zu einem sekundenschnellen Greinen ansetzt oder wenn er immer wieder seine Mami beschwört. Die Frauen, die ihm begegnen, findet er fast so schön wie sie, so »lieb und scheu und honigzart«. Angekommen im Himmel schildert er der »Donnernden Stimme« zuerst sein Sterben. Er erzählt, wie Schläuche in ihn hineinführten und die Krankenschwester ihm gefiel: »… und ich sagte zur Krankenschwester, sie sei fast so schön wie meine Mami und bekam den Mund nicht mehr zu und meine Seele ging ins Paradies ein.« Auch Ollie dachte gerade an seinen Papi, als sein Herz zu schlagen aufhörte. Subtil und charmant agiert in den Dialogen eine infantile Clowns-Komik mit.

Stan und Ollies Realitätsanspruch

In Widmers Farce DER SPRUNG IN DER SCHÜSSEL (1992) verlassen Fernsehakteure ihren Bildschirm, treten vor den Apparat und kehren auf den Bildschirm zurück. Noch einiges komplizierter verhält es sich mit Stan und Ollie. Die beiden sind unangreifbar, weil sie behaupten dürfen, sie seien reale Figuren und zwar Oliver Norvell

Hardy und Stan Laurel alias Arthur Stanley Jefferson. So haben die Filmkomiker zwar wirklich geheißen. Widmer will nun aber, dass sie das, was sie einst auf der Leinwand spielten, im Stück für wirklich halten. Beflissen stellen sie sich jeweils vor, mit Namen und Herkommen. Dann beginnt das Rätselraten. Man habe sie am Fernsehen gesehen, im Kino: » ... Sie haben zusammen ein Klavier die Treppe hinaufgetragen.« Alle die fragen, der Polizist, Herr Meier, der Autor meinen den Kurzfilm *The Music Box* von 1932. Dieser zeigte die verzweifelten Versuche des Duos, ein Klavier endlose Stufen hinaufzutransportieren. Sie hätten in Hollywood wirklich als Klavierträger gearbeitet, antworten Stan und Ollie. Sie betonen das – bezeichnenderweise – der Figur des Autors gegenüber. Diese treibt es hier ein bisschen wie weiland Luigi Pirandello. Nur dass Widmers Autor seinen Personen, die ihn keineswegs suchen, gesteht, er beute sie aus. Er folge ihnen mit STAN UND OLLIE IN DEUTSCHLAND dorthin, wo sie sich gerade aufhielten.
Bei aller grotesken Wirkung, auf die solches Fluktuieren zwischen Fiktion und Wirklichkeit zielt: den Spielfiguren wird damit doch mehr reales Leben zugestanden als all jenen, welche die Gegenwart so selbstverständlich für sich in Anspruch nehmen. Vielleicht könnten wir bei Stan und Ollie etwas lernen.

Ein wahres Lustspiel. Zum Stück ALLES KLAR
Von Lukas Holliger

Im April 1986 erschießt Günther Tschanun, Chef der Baupolizei Zürich, vier seiner Mitarbeiter. Die Tat ist frisch, der Schock sitzt tief, da reagiert der Dramatiker Urs Widmer mit der Komödie ALLES KLAR. Das wird missverstanden. Der Haken hinterm Missverständnis: Widmer hatte ursprünglich eine Form-Idee gehabt. Er wollte das tägliche Aneinandervorbeireden mal maximal auf die Spitze treiben. Das Amok-Thema sei erst bei der Niederschrift in den Text eingebrochen. Naturgemäß zeigten die Feuilletons wenige Monate nach dem Ereignis wenig Gespür für solche Differenzierungen. Mit Ausnahme der *Süddeutschen Zeitung* waren die Kritiken auf Widmer Stück ablehnend bis spöttisch. Trotzdem ist ALLES KLAR bis heute Urs Widmers liebster Text geblieben. Warum?
»Es ist sicher und notwendig geschrieben, immer genau, auch mitten in der irrsten Handlung, vielleicht weil es sehr schnell entstanden ist«, begründet Widmer. Schnellschreiben, ist kein Qualitätsmerkmal, Notwendigkeit und Genauigkeit hingegen sehr.
Liest man heute das Stück, zeigt sich schnell, dass die Gattung »Komödie« schon auf den ersten Seiten kunstvoll zerbröselt. Die Dialoge selber sind das eigentliche Thema. Keine klassische Komödie konnte Widmers Notwendigkeit beim Schnellschreiben gewesen sein, sondern etwas Existenzielleres. Der Versuch, die täglichen Kollateralschäden unseres Sprechens auf die Spitze zu treiben. Sämtliche Figuren befinden sich auf einem freiwilligen Amoklauf des Verstehens. Da drängt sich Widmer das Verbrechen im Zürcher Hochbauamt als inhaltlicher Spiegel zur schon vorher gewählten Textform natürlich auf. Ein Amoklauf ist die Folge sabotierter Verständigung. Gewalt als letzter Versuch, dort für Ordnung zu sorgen, wo der Verstand als Ordnungsmacht gestürzt ist.

Es stürzte sich in der Zeitschrift *Theater heute* 4/88 der Lyriker und Kritiker Urs Allemann mit lesenswert spitzer Feder auf das Stück. In eine entscheidende Sache wollte Allemann, und damit die renommierteste Theaterzeitung des deutschsprachigen Raums, damals aber keinen Einblick nehmen. In die in jede Zeile von Alles klar eingeschriebene Lust eines Autors am Spiel. Vielleicht ein fragwürdiges Kriterium, aber Alles klar ist ein Lustspiel im wörtlichen Sinne. Selbst die Figuren sollen im dritten Bild vor Lust übereinander herfallen, nachdem sie sich ihre Lust durch forcierten Weltverlust erschummelt haben.

Das Überdichten der Wirklichkeit war immer auch die Lust der Autoren. Selbstverständlich ist es der Job der Theaterkritik, Wirklichkeit und Gattungsregeln einzufordern. Gegen Willkür in der Kunst einzuschreiten, ist ihre Pflicht. Nur verrutschte im vorliegenden Fall diese Pflicht in den prüden Ernst der Durchschnittlichen angesichts der Spielfreude eines Freigeistes. Sie verwischte vor allen Dingen den Unterschied zwischen Spielerei und Blödelei. Blödelei ist formloser Quark, jenseits aller Tonart und kommt ohne Talent aus. Spielerei hingegen ist näher der Improvisation, dem Jazz, und ohne Talent und Genauigkeit kommt sie keinesfalls aus. Widmers in drei Tagen hingeworfenes Stück ist musikalisch, gleicht einer »écriture automatique« mit Gesetzmäßigkeiten. Solche Mischungen aus Spontaneität und Gesetz sind schöpferischer Glücksfall. Schon deshalb konnte Alles klar Widmers liebstes Stück werden. Trotz seiner planlos schnellen Entstehung bleibt es durch und durch konstruiert.

Konstruktion ist Qualität. Der immer wieder zu lesende Vorwurf der Konstruktion ist in der Kunst und insbesondere in der Komödie grotesk. Es war immer nur eine Frage der Epoche, wie sehr Konstruktionslinien versteckt werden mussten. Der des Konstruktivismus bezichtigte Alban Berg beispielsweise hatte einst zu seiner

Verteidigung nachweisen können, dass selbst Schumanns Träumereien reine Konstruktionen sind.

Der (nur vermeintlich) schmerzhafteste Vorwurf aber, der damals im *Theater heute* zu lesen war, lautete, das Stück sei überhaupt nicht lustig. Es hätte vielleicht tatsächlich interessant werden können, diesen Vorwurf als künstlerische Forderung umzusetzen, d.h. den Text vollkommen ernst zu spielen. Ohne jede komische Absicht. Vielleicht hätte dann Widmers Inhalts-Stück TOP DOGS zwar den größten Erfolg, sein Form-Stück ALLES KLAR aber den größten Beunruhigungseffekt gehabt. Die Schauspieler, die in der Uraufführung auf boulevardeske Effekte gesetzt hatten, wären vielleicht plötzlich traurige Opfer ihrer eigenen Subjektivität, Überlebenstalente vorsätzlicher Missverständnisse. Wahrnehmungsopfer, die sich näher beim Romanschriftsteller Alain Robbe-Grillet sähen als beim Boulevard.

Freilich wollte solcher Ernst Urs Widmers Sache nie sein. Widmer ist ein Meister des Übersetzens bedrohlicher Vorgänge in augenzwinkernde Texte. 1988, als »E« und »U« die Welt noch rasierklingenscharf in zwei Hälften trennten, vergleichbar den Himmelsrichtungen Ost und West, war Widmer mit ALLES KLAR schon jenseits politischer und künstlerischer Korrektheit unterwegs. Selbst angesichts des tragischen Amoklaufs im Hochbauamt, machte er mit seinem anarchistischen Sprach-Stück eines klar: Theater ist eine Form der Lust (in all ihren Ausprägungen). Alles andere ist Wichtigtuerei.

Die Groteske als Erkenntnismittel.
Die zeitgeschichtlichen Stücke FRÖLICHER – EIN FEST und JEANMAIRE. EIN STÜCK SCHWEIZ
Von Urs Bugmann

In die Groteske verfällt Urs Widmer immer dann, wenn es ihm besonders ernst ist. Das zeigen seine beiden Stücke FRÖLICHER – EIN FEST und JEANMAIRE. EIN STÜCK SCHWEIZ, die man leicht als patriotische Komödien missverstehen könnte. Es sind in Wahrheit Tragödien. Tragisch sind in ihnen nicht nur die Geschichten aus der jüngeren Zeithistorie der Schweiz, von denen sie handeln, sondern mehr noch ist es der Umgang, den die Schweiz, die öffentliche Meinung und Übereinkunft, mit dem Wissen um die Tatsachen pflegt. Die beiden Stücke führen das doppelbödige Verfahren des Autors vor Augen, durch das Kippenlassen des Wirklichen ins Phantastische dem Wirklichen zu misstrauen und es gleichzeitig zur Deutlichkeit zu verfremden. Das Phantastische ist dabei ein Mittel, den Umgang mit dem Wirklichen selbst zu thematisieren.

Vor dem allzu groß Wirklichen, dem Beunruhigenden und Angst Auslösenden flüchten wir uns gern ins Übersichtliche, geben ihm triviale mythische Züge. »(Triviale) Mythen sind starre, auf weniges reduzierte Abziehbilder von dem, was wir Wirklichkeit nennen«, schreibt Urs Widmer. »Der (triviale) Mythos ist eindimensional und unreflektiert, er zeigt nur seine schöne Oberfläche. Er ist statisch, er ist unpolitisch, er gilt jetzt, seine historische Entwicklung (das, was dahinter steckt) kümmert mich nicht. Er will von Veränderung nichts wissen, er hält am Status quo fest.«[1] Triviale Mythen täuschen Idyllen vor und sind das bevorzugte Mittel zur

---

1 Urs Widmer: Über (triviale) Mythen. In: Ders., Das Normale und die Sehnsucht. Essays und Geschichten. Zürich: Diogenes 1972. S. 22.

Geschichtsverfälschung. Das macht Urs Widmer in seinen beiden Schweizer Stücken zum Thema, indem er mit den Mitteln des vereinfachenden Trivialmythos arbeitet und ihn zugleich durch diesen Gebrauch demontiert. Es ist die Groteske, die den Mythos demaskiert, indem sie ihm den Boden entzieht.
Beide Stücke nennen ihre Hauptfigur im Titel: »Frölicher« meint Hans Frölicher, den Schweizer Gesandten in Berlin zwischen 1938 und 1945. Er sorgte für gute Beziehungen zwischen Hitler-Deutschland und der Schweiz, ihrer Industrie und Wirtschaft, er initiierte Ärztemissionen an die Ostfront, die, unter Verletzung offiziell deklarierter Schweizer Neutralität, dem deutschen Heeresbefehl und deutschem Militärrecht unterstellt waren und ausschließlich deutschen Verwundeten zugute kamen. Nach Kriegsende sah sich Frölicher in der Schweiz, seiner nazifreundlichen Haltung wegen, geächtet. »Nicht Ihre hohe Moral«, sagt er in Urs Widmers Stück zu Henri Guisan, dem Schweizer General während des Kriegs, »hat die Schweiz gerettet, sondern meine niedere Unmoral. Tag für Tag. Drecksarbeit, kann sein, aber wirkungsvolle.«[2]
JEANMAIRE. EIN STÜCK SCHWEIZ nennt im Titel den 1977 wegen Landesverrats zu 18 Jahren Haft verurteilten hochrangigen Berufsoffizier Jean-Louis Jeanmaire. 1988 kam er aus dem Gefängnis und strengte, nach zwei vergeblichen Versuchen 1984 und 1985, zum dritten Mal eine Revision seines Prozesses und Urteils an. 1992 starb er mitten in seinen Bemühungen um Rehabilitation.
Frölicher wie Jeanmaire waren Ersatzopfer. Sündenböcke, denen Schuld auferlegt wurde, um die Illusion einer sauberen und neutralen Haltung der Schweiz während des Zweiten Weltkriegs in Frölichers Fall und einer stramm antikommunistischen Haltung während des Kalten Kriegs im Fall Jeanmaire aufrecht, den trivia-

---

2 Urs Widmer: FRÖLICHER – EIN FEST. In: Ders., DER SPRUNG IN DER SCHÜSSEL. FRÖLICHER – EIN FEST. Zwei Stücke. Frankfurt am Main: Verlag der Autoren 1992. S. 154.

len Mythos intakt zu halten. »Je trivialer der Mythos ist, desto unbemerkter bleibt er. Er verstellt listig die Sicht auf das, was ist. Wer es schafft, sich allen Mythen auszuliefern, lebt ungestört und sicher im gläsernen Käfig seiner Welt, in einer Art Dauereuphorie.«[3] Jeanmaires Fall, das zeigen die Akten, war ein Skandal. Was er dem befreundeten russischen Militärattaché Wassili Denissenko verraten konnte, waren keine Staatsgeheimnisse, noch nicht einmal sensible Daten. Der Spion Jeanmaire, gegen den der damalige Justizminister Kurt Furgler mit aller Vehemenz und einer beispiellosen öffentlichen Vorverurteilung vor dem Parlament vorging, zog alle Aufmerksamkeit auf sich, während geheime Waffendeals mit Rumänien und fragwürdige Zustände in der Bundesanwaltschaft im Schatten dieser hochgespielten Affäre unaufgedeckt blieben.

Urs Widmer hält sich in JEANMAIRE wie in FRÖLICHER an die Fakten. Die Historie ist präzise recherchiert. Doch seine Stücke sind keine Dokumentardramen. Beides sind Tragödien, die von Menschen handeln, die an ihrer Rolle scheitern. Jeanmaire wie Frölicher taugen nicht zu Helden. Der triviale Mythos hat sie zu negativen Helden gemacht. Zwischen dem Bild, das sich die Öffentlichkeit von ihnen gemacht hat, und ihrer wirklichen Person, ihrem tatsächlichen Handeln und Verhalten klafft ein Abgrund.

Das macht Urs Widmer in seinen Stücken deutlich. Er zeigt nicht die Rollenträger, sondern zuvorderst die Menschen. Natürlich tritt Jeanmaire als Offizier in seiner Uniform auf – doch die Polizisten heißen ihn bei der Verhaftung, sich auszuziehen. Ohne Uniform, nackt, steht er da, nur noch Mensch, nicht Militär. Und Frölicher, den Urs Widmer in seinen Unterredungen mit Hitler, mit von Weizsäcker, dem Staatssekretär im Auswärtigen Amt, mit den Schweizer Unterhändlern aus Wirtschaft und Militär zeigt, wird menschlich durch seinen Sohn, den Widmer zusammen mit von

---

3 Urs Widmer: Über (triviale) Mythen. S. 23.

Weizsäckers Sohn auftreten lässt. Die allgemeine Geschichte wird ins Persönliche zurückgeholt, aus Staatsaktionen werden menschliche Begegnungen.

Das ist ein groteskes Mittel so gut wie die beiden Kellner, die in FRÖLICHER – EIN FEST auftragen und sich das ganze Stück lang mühen, das Wort »Wienerli« nicht auszusprechen, weil es der zweite Kellner nicht erträgt. Er ist Jude, kommt aus Wien, und seine Eltern wurden abgeholt. Zu Würsten würden sie gemacht, sagt ein Nachbar dem verschreckten Jungen, der sich in einem Schrank retten konnte.

Es ist eine bittere Komik. Als Gegenfolie macht sie den Schrecken sichtbar. Das Lachen ist in diesem Stück kein Mittel der Ablenkung, sondern der Verdeutlichung. Die Groteske verhindert in JEANMAIRE wie in FRÖLICHER beides: Dass die Protagonisten zu Helden verklärt werden, wie dass ihre Demontage auf ihre Kosten geht. Genau genommen werden nicht die Rollenträger demontiert. Die Demontage setzt Individuen an die Stelle der Rollen, und im Demontiertwerden offenbaren die trivialen Mythen die Kluft zur Wirklichkeit, die sie überdecken sollen.

Urs Widmer spielt mit Form und Wirkung der trivialen Mythen. Sie sind ihm Zeichen für die Sehnsucht nach dem Phantastischen, das die Wirklichkeit übersteigt. Es ist das Gegenteil von Flucht: Es ist das Eingestehen der Schrecken und Unzulänglichkeiten des Wirklichen. Sie zu überwinden, ein Gegenbild wach zu halten, lässt dieser Autor das Phantastische aufscheinen. Mit seinem Schreiben hält er an der Utopie fest, mit seinen Theatertexten realisiert er ein Stück davon. Im Realisieren der Utopie liegt die Gefahr der Illusion. Ihr entgeht der Autor durch die Groteske. Sie macht deutlich, dass die Wirklichkeit überstiegen wird – dass sie überhaupt überstiegen werden kann. Sie ist das Andere der Wirklichkeit. Ein Ort, der nicht erreicht, sondern nur ersehnt werden kann. Das Lachen, kaum ist es verhallt, lässt die schäbige Gegenwart und Szene nur umso deutlicher erkennen. Die Groteske ist ein Erkenntnismittel, das die Wahrnehmung verrückt. Doch dieses Verrücken hält nicht an auf Dauer. Die Scherze der Kellner in FRÖLICHER schlagen unvermittelt und schmerzhaft um in Entsetzen – und in die Scham über ein möglicherweise unstatthaftes Lachen.

In diesem Lachen aber zeigt sich Menschlichkeit. Im Erschrecken zeigt sich jener Bruch, der die Groteske von dem nur Wirklichen trennt. Deshalb nimmt Urs Widmer, wo es ihm ganz und gar ernst ist, seine Zuflucht zur Groteske. Sie hindert daran, in Pathos zu verfallen, im Überhöhen des Guten den Bezug zum Wirklichen zu verlieren. Seinen Jeanmaire zeigt Urs Widmer als einen Helden mit Zügen des Grotesken. Er ist naiv und gutgläubig, weder Gutmensch noch Bösewicht. Einer, der in eine Rolle geriet, die seiner Person nicht erlaubte, da hinein zu wachsen. In der Funktion kam das Individuum abhanden, die Dienstvorschriften waren kein Ersatz für Haltungen, die einen Charakter erforderten.

Der Theaterautor Urs Widmer lässt seinen Helden, der zum Helden nicht taugt, nackt auf der Bühne stehen. Doch er setzt ihn nicht dem Gelächter aus. Die Entblößung gilt denen, die hinschauen: Die Nacktheit desillusioniert ihren Blick. Ein Nackter taugt nicht zur trivialmythischen Figur, er zerstört jeden Schein, jede schöne Oberfläche. Seine Nacktheit erhält dieselbe dramaturgische Funktion wie die Groteske: Sie reißt den Zuschauer unweigerlich aus seinem Traum und aus jeder illusionären Verblendung.

Im Jeanmaire-Stück inszeniert Urs Widmer die Groteske mit zwei handfest tollpatschigen Engeln. Sie eignen sich ganz und gar nicht als Götter aus der Maschine. Ihre Sturzflüge machen die Dinge nicht besser, sondern schlimmer. Wenn sie plötzlich gewahr werden, dass ihre Aufträge gegenteiligen Interessen gelten, jede (es sind weibliche Engel) auf einer andern Seite steht und sie also Gegner sind, verstehen sie Welt und Himmel nicht mehr. Es ist ein Wink des Autors, dass jede Macht ihre Gegenmacht braucht, um

als Macht Bestand zu haben. Dass Integrität und Souveränität den Verrat brauchen, um ihrer gewiss zu bleiben. Dass die Schweiz ihren Jahrhundertspion brauchte, um den trivialen Mythos aufrecht zu halten, sie stehe unangefochten mitten in den Zeitläufen: damals im Zweiten Weltkrieg wie danach im Kalten Krieg.
Urs Widmer, der nach eigenem Bekunden stets den Ehrgeiz gehegt hatte, »der erste Schweizer Schriftsteller seit Hartmann von Aue zu werden, der nie von der Schweiz, seiner Heimat, schreibt und spricht«,[4] hat mit FRÖLICHER und JEANMAIRE zwei komische patriotische Tragödien geschrieben, die es darauf anlegen, den Patriotismus als trivialen Mythos zu entlarven. Nicht hehre Heimatgefühle sind es, die Not tun, sondern ein illusionsfreier Blick auf Geschichte und Gegenwart. Es ist die Groteske, die den verklärten Blick ernüchtert und den Bruch offenbart zwischen der Realität und dem Phantastischen, in das sich so gerne flüchtet, wer von der Realität enttäuscht ist oder sich von ihr verraten fühlt.
Es ist nicht das mindeste Verdienst des Autors, dass er das Phantastische so selbstverständlich als Spielmaterial nutzt, wie er es als das Andere des Wirklichen offensichtlich macht, als Fluchtgelände, aus dem nur herausfindet, wer sich der Grenze, der Bruchlinie zwischen Wunsch und Sein, bewusst bleibt. Dieser Autor scheut die trivialen Mittel nicht, um den Trivialmythos als das zu zeigen, was er ist: eine Projektion, die nicht wirklicher oder hilfreicher wird, wenn sie von vielen, von den meisten geteilt wird. Die Sicherheit, die diese Projektion verspricht, ist trügerisch. Mit dem Frölicher- und dem Jeanmaire-Stück gelingt Urs Widmer nicht nur, zwei gern verschwiegene Kapitel der jüngeren Schweizer Zeitgeschichte in durchaus unterhaltsamen Nachhilfelektionen vorzuführen, sondern auch, über Mythenbildung und den Nutzen eines

---

4 Urs Widmer: Die sechste Puppe im Bauch der fünften Puppe im Bauch der vierten und andere Überlegungen zur Literatur. Grazer Poetikvorlesungen. Graz, Wien: Literaturverlag Droschl 1991. S. 57.

Geschichtsbewusstseins aufzuklären, das sich nicht an falsche Helden hält. Die Mittel des Theaters verrät er dabei nie, und er setzt auf der Bühne fort, was er in seinen Romanen und Erzählungen als Kern seines Schreibens erkennen lässt: In der Spannung zwischen dem Wirklichen und dem Phantastischen hält er die Sehnsucht aufrecht, verweist er auf den »Entwurf von etwas ganz Anderem. Die Hoffnung, die Sehnsucht nach einem anderen Leben. Nach besseren Bedingungen. Nach Glück.«[5]
»Ist Glück nur ein Das-ist-halt-so? Der immer neue Status quo?«,[6] fragen die Söhne von Frölicher und von Weizsäcker in FRÖLICHER – EIN FEST. Und am Ende von JEANMAIRE. EIN STÜCK SCHWEIZ erkennt Jeanmaire, dass der Himmel wie die Schweiz aussieht. Die Groteske ist bei Urs Widmer ein Mittel der Erkenntnis. Sie braucht das triviale Normale, um ins wirklich Phantastische (oder phantastisch Wirkliche) umschlagen zu können, das gerade nicht die Illusion, sondern das durch das Phantastische kritisierte Wirkliche, das durch das Wirkliche ernüchterte Phantastische ist. In den beiden Stücken über zwei normale und wirkliche Exponenten der Schweizer Zeitgeschichte unterhält uns der Autor damit, in der einen und selben paradoxen Bewegung diesen dialektischen Mechanismus zugleich vorzuführen und zu überwinden. Denn für die Welt- und Selbsterkenntnis taugt das Hin- und Hergehen zwischen dem Wirklichen und dem Phantastischen erst, wenn das Bewusstsein daran seinen Anteil hat. Das macht die Trivialmythen so verführerisch: Dass sie verschleiern, auf welche Mittel sie bauen. Umkehrbar werden ihre Verfahren erst, wenn sie durchschaut sind. Und aus Unwissen ist noch nie die Kraft zu Veränderung gewachsen. Sie ist es, auf die Urs Widmer mit seinen Theaterstücken aus dem Fundus der jüngeren Schweizer Zeitgeschichte hinzielt.

---

5 Ebd. S. 42.
6 Urs Widmer: FRÖLICHER – EIN FEST. S. 160.

Spielen bis zum Umfallen. TOP DOGS – ein Dramen-Bestseller
Von Christine Richard

Es war im Jahr 1996, die New Economy war ausgebrochen, und die IT-Unternehmer setzten gerade zum Höhenflug an. Die Arbeitslosigkeit wuchs, doch es juckte nur die da unten. Die Theater oben waren mit sich selbst beschäftigt; die Klassiker wurden von Nachwuchsregisseuren gerade zu Sperrmüll zerlegt, und aus den Ruinen entstanden grelle Kuriositäten. Plötzlich ereignete sich das Unerwartete: ein richtiges Theaterstück; ein Drama, brisant, relevant – TOP DOGS.
Noch war die Dotcom-Blase nicht geplatzt, noch schien die Freiheit grenzenlos zu sein und die Swissair flog über den Wolken. Da kam das Zürcher Theater Neumarkt mit Volker Hesse an der Spitze. Da kam Urs Widmer mit der spitzen Feder. Da erzählten sie vom Crash, von Restrukturierungen und vom großen Rausschmiss. Und hoppla, Überraschung: Jetzt waren die Manager dran, die Spitzenverdiener wurden gefeuert – die Top Dogs.
Die Rationalisierer wurden selber wegrationalisiert. Ein Scherz? Der Programmzettel rechnete dem Zürcher Publikum kühl vor: 12 000 Kaderangehörige waren binnen Jahr in der Schweiz entlassen worden. Das wollte man wissen: Wie fühlen die sich? Und was sind das für Leute?
Das Personalkarussell hatte sich in den Chefetagen schneller gedreht, immer mehr waren heruntergeflogen und strampelten, um wieder aufzusitzen. Manche hatten zum Goldenen Fallschirm noch ein Extra bekommen: eine Outplacement-Beratung, Training in Workshops, um sich beruflich neu orientieren zu können. Um das Selbstbewusstsein zu stabilisieren. Um sich vorzubereiten auf eine ganz neue Art von Werbekampagne: die Selbstvermarktung. Ziel: Fit for work.

Urs Widmer war der erste – und bislang einzige – Autor, der sich auf der Bühne mit einem Outplacement-Unternehmen beschäftigte. Er schrieb ohne Voreingenommenheit. Ohne falsches Mitgefühl mit den Sachverwaltern des Großkapitals. Und auch ohne billige Häme, dass jetzt die Bosse selber auf der Straße saßen. Widmers Haltung: hinschauen. Man sieht sie doch sonst nie, die Herren im dunklen Anzug, die Damen im Deux-Pièce. Einfach mal zugucken, was da los ist. Was da gespielt wird. Prinzip Theater. Und es wirkte.

Das Echo war enorm. TOP DOGS wurde mehr als hundertmal nachinszeniert, es wurde Thema in Abiturarbeiten und in Manager-Seminaren. Es geht um die schlimmste Schande, die eine Leistungsgesellschaft zu bieten hat: Arbeitslosigkeit, Nutzlosigkeit. Es geht um die Scham. Das Schweigen. Das Theater entdeckte seine genuine Kraft neu: Öffentlichkeit zu bilden. Was ist eigentlich in unserer Business Class los. Was passiert mit mir, wenn ich meine Arbeit verliere. Wie sag ich's meiner Frau. Davon berichten die Top Dogs in 12 Spielszenen und 90 Minuten.

Urs Widmer ist Theater-Psychologe. Er setzt beim Zuschauer an. Er versetzt das Publikum in jene Unsicherheit, die später die Figuren treffen wird, die Arbeitslosen. Acht Menschen betreten zu Beginn die Spielfläche. Privatleute? Schauspieler-Darsteller? Und welche Rolle spielen sie für uns? Vorgesetzte oder Untergebene? Erster Auftritt: Herr Deér. Toller Hecht. Aber irgendwas stimmt nicht. Die anderen Personen reagieren so komisch. Gemeinsam mit Herrn Deér dämmert uns das Furchtbare – dass der agile Deér keineswegs bei einem Meeting seiner Catering-Firma ist, wie er glaubt, sondern bereits zwischen Arbeitslosen im Outplacement-Center. Und das Kündigungsgespräch? Hat er glatt verdrängt... Herr Deér ist total von der Rolle. Und überspielt seinen Schock. Und überschlägt sich vor Souveränität, bis er durchdreht. Und das ist der Witz, darum ist dieses Arbeitslosen-Stück so unbedingt theatertauglich: weil es mit den Rollen spielt. Rein, raus, rein in die alte Führungsrolle. Auch ein entlassener Chef ist noch ein bisschen Chef, die Charaktermaske blättert nur langsam. Raus, rein, raus, rums. Den Leader spielen bis zum Umfallen. Ziemlich tough berichten die Top Dogs, wie sie gedemütigt wurden. Wrage, ehemals Finanz-Analystin, reagiert mit Trotz: Die wollen die Kündigung, die sollen sie haben... Müller, früher Strommanager, wickelt im Gespräch seine eigene Entlassung so professionell ab, als gehe es um eine fremde Person. Neuenschwander reagiert auf seine Entlassung blitzschnell – mit dem Kauf eines Porsches. Tschudi, Ex-Börsianer, spielt seiner Frau cool vor, er gehe jeden Tag ins Geschäft. Bihler muss mit Tschudi im Rollenspiel eine Entlassung nachspielen, um über die eigene Demütigung hinwegzukommen.

Natürlich bleiben sie Alpha-Tiere. Natürlich hat hier niemand ein Problem. Natürlich sind sie alle total erledigt. Aber zeigen will es niemand – nur das Theater.

Was macht ein arbeitsloser Manager? Der eine schlägt ersatzweise die Frau, weil der Konkurrenzkapitalismus unschlagbar ist. Der andere tourt seinen Rennwagen in der Garage hoch, weil der innere Leerlauf unerträglich ist. Die dritte gönnt sich einen Karibik-Urlaub, aber sie verlässt das Hotelzimmer nicht und frisst sich durch die Mini-Bar. Und alle wollen sie zurück, nach oben.

Alle haben sie Träume, kleine, größenwahnsinnige, kindische. Aber alle werden sie auf einen neuen Führungsjob getrimmt, sie müssen Haltung zeigen, den nötigen Biss. Auch die Lebenspartner müssen ins Beziehungstraining, auch die Familie muss mitziehen. Auch die Körper müssen mittun, die Reflexe müssen stimmen, das japanische Nahkampftraining konditioniert die Aggressionsbereitschaft. Alle hängen gerne Märchen nach, Utopien. Nur kommt immer das Geld dazwischen. Alle werden im Chor eingeschworen auf eine gesamtkapitalistische Harmonie, Novartis-Migros-Shell-

Renault. Anbetung? Apokalypse? Manchmal gerät ein anderer Text dazwischen, die Bibel: »Und Heuschrecken kamen auf Erden, und ihnen ward Macht gegeben...«

Heuschrecken, Shareholder-Value, Lean-Management: Urs Widmer brachte den Theatergängern 1996 Begriffe bei, die heute Allgemeingut sind. Man konnte plötzlich mitreden, ganz vorne. Presse und Publikum waren begeistert von TOP DOGS. Nur hier und da maulte ein Manager, dass das Managerdasein weniger schillernd sei als geschildert. Und auf der anderen Seite, bei der Linken, fragte man sich, ob so viel Einfühlungsvermögen in Manager-Seelen unbedingt sein müsse. Andererseits: Ein besseres Unternehmer-Stück gab es nicht, nicht bei Peter Handke (DIE UNVERNÜNFTIGEN STERBEN AUS), nicht bei Christoph Marthaler (DIE SPEZIALISTEN), erst recht nicht bei Rolf Hochhuth (MCKINSEY KOMMT). Bertolt Brecht war tot. Und die Gruppe »Rimini Protokoll« mit ihren Echtmenschen aus der Wirtschaftswelt war noch nicht geboren.

Ein Jahr nach der Uraufführung von TOP DOGS prasselte es Lob und Preis für Urs Widmer und das Theater Neumarkt. Im Mai 1997 wurde TOP DOGS zum Berliner Theatertreffen eingeladen, ausgezeichnet vom Kulturkanal 3sat mit dem Innovationspreis. Wenig später erhielt TOP DOGS den Mülheimer Stücke-Preis. Im August 1997 veröffentlichte die Fachzeitschrift *Theater Heute* ihre Kritiker-Umfrage: Urs Widmer war für TOP DOGS zum besten Theater-Autor gewählt worden, das Theater Neumarkt zum zweitbesten Theater des Jahres.

Das postdramatische Theater hatte seit den Siebzigerjahren den Autor in den Hintergrund verbannt. Projekttheater war angesagt. Christoph Marthalers Crew brachte es zur Reife: die Entstehung eines Theaterabends aus dem Geiste der Beizen und gemeinsamer Phantasien. Viele machten es nach. Wenige schafften nachspielbare Dramen, nachhaltige Sprachkunstwerke.

Top Dogs ist eines der ganz wenigen Projekttheater-Stücke, die auch von anderen Theatern nachgespielt wurden. Es kam zu 62 Neuinszenierungen an deutschsprachigen Bühnen und zu 51 Inszenierungen im Ausland, auf englisch, französisch, italienisch, spanisch, niederländisch, polnisch, russisch, rumänisch... Top Dogs wurde gespielt von den USA bis China, von Australien bis Argentinien, von Uruguay bis Usbekistan. Die Zeit war reif für das Thema. Und das Stück war ausgereift genug, um Spielvorlage in unterschiedlichen Kulturen zu werden.

Vier Dinge brauchte es für diesen Dramen-Bestseller. Erstens akribische Recherche im Manager-Milieu. Zweitens einen neugierigen Autor wie Urs Widmer, mit hohem Formbewusstsein und gedämpftem Ego. Drittens einen Regisseur mit einschlägiger Erfahrung: Volker Hesse war zwei Jahre zuvor ähnlich vorgegangen bei seinem Ensemble-Projekt *InSekten*. Und viertens war für den Erfolg maßgeblich ein hochbewusstes Schauspiel-Ensemble; es beteiligte sich so intensiv an der Figuren-Erfindung, dass Urs Widmer seine Personen nach den Schauspielern benannte. Hier sind sie: Julika Jenkins, Susanne Wrage, Dodo Deér, Urs Bihler, Hanspeter Müller, E. Heinrich Krause, Michael Neuenschwander und Gilles Tschudi. So heißen die Figuren des Stücks, so heißen die Schauspieler, die heimlichen Co-Autoren. Mehr geht nicht.

Es war einmal. Es war die Zeit, als die neue Pop- und Mediengeneration in den Theatern begann, die Dramen-Klassiker aufzumischen, um die Aktualität herauszukitzeln. Wie umständlich. Das Theater Neumarkt ging direkter vor, es sog seine Text-Nahrung unverfälscht aus der Gegenwart und beauftragte einen Experten mit dem Ausformulieren, einen Gegenwartsautoren. Der hatte in Bankenstädten wie Basel, Frankfurt und Zürich gelebt; er wusste: Global Playern kommt man nur mit radikaler Spiellust bei. Top Dogs ist ein Stück Experimentiertheater. Der Autor war ja nicht blöde, sondern hieß Urs Widmer.

Walter und Wilhelm Tell
Szene nach Friedrich Schiller (Ausschnitt)

Personen: WALTER, WILHELM *(Tells Söhne)*

Vor Tells Haus. Wilhelm und Walter, die beiden Söhne, spielen. Ball oder Reifen oder Bockspringen oder alles zusammen. Berittene sprengen über die Bühne. Jagen Bauern, die verzweifelt fliehen. Einer wird niedergemacht. Wird tot mitgeschleppt.

WALTER Wilhelm, Willy, Bruder. Ist es nicht herrlich hier? In Uri? In unserm Bürglen?
WILHELM Ach, Walter. Wundervoll ist es. Was für ein herrliches Glück, ein Kind zu sein. Hier in Uri. Im Herzen der Welt. Alles ist für uns da, für wen sonst? Das Gras ist für uns. Die Blumen sind für uns. Die Bäume dort.
WALTER Die Berge.
WILHELM Das Haus ist für uns.
WALTER Jede Kuh.
WILHELM Die Mutter.
WALTER Der Vater.
WILHELM Der Vater sowieso. So einen Vater wie wir hat keiner sonst.
WALTER Wer sich ihm in den Weg stellt, den putzt er weg mit seiner Armbrust.
WILHELM Gnadenlos.
WALTER Er ist der beste Schütze von der ganzen Welt.
WILHELM Er ist gerecht.
WALTER Tag und Nacht gerecht.
WILHELM Rücksichtslos gerecht.

WALTER Wenn ein Lamm vom Weg abkommt, entscheidet er, wer schuld ist, das Lamm oder der Weg. Und der Schuldige kriegt eins an die Löffel, dass er nicht so bald wieder aufsteht.
WILHELM Wuff, wuff.
WALTER Peng, peng.
WILHELM Kill, kill. *Pause.*
WALTER Kein schöner Land als unser Land.
WILHELM Alle einig. Alle gleich. Alle glücklich. *Pause.*
WALTER Da hinter den Bergen, gibt's da auch Menschen?
WILHELM Spinnst du?
WALTER Andere Berge wenigstens?
WILHELM Geht's noch? (…)

Chronologie

Leben und Werk

1938

am 21. Mai in Basel geboren. Sein Vater, Walter Widmer, war Gymnasiallehrer, Literaturkritiker und Übersetzer. Seine Mutter, Anita Mascioni, hatte starke Familienbindungen ins Puschlav und Veltlin.

1958-1965

Studium der Germanistik, Romanistik und Geschichte an der Universität Basel, mit Aufenthalten in Montpellier und Paris. Abschluss mit Promotion zum Thema »1945 oder die ›Neue Sprache‹. Studien zur Prosa der Jungen Generation«.

1965-1967

Lektor im Walter Verlag in Olten

1967

Heirat mit May Perrenoud, Psychoanalytikerin

1967-1968

Lektor im Suhrkamp Verlag in Frankfurt/Main

Ab 1968

Freier Schriftsteller

Foto: Inge Werth

1968
Alois. Erzählung (Diogenes Verlag, Zürich)

1969
Mitbegründer des Verlags der Autoren in Frankfurt/Main
Wer nicht sehen kann, muss hören. Hörspiel (WDR)

1970
Henry Chicago. Hörspiel (WDR/HR)

1971
Die Amsel im Regen im Garten. Erzählung (Diogenes)
Operette. Hörspiel (WDR/HR)
Aua 231. Hörspiel. Zusammen mit Gerhard Rühm (WDR)
Alle Wege führen nach Rom. Hörspot. Zusammen mit Gerhard Rühm (WDR)
Anna von hinten wie von vorne. Hörspiel (WDR)

1972
Das Normale und die Sehnsucht. Essays und Geschichten (Diogenes)
Tod und Sehnsucht. Hörspiel (SFB)
Die Katzen des Doktor Watson. Hörspiel (WDR)

1973
DIE LANGE NACHT DER DETEKTIVE. Kriminalstück in drei Akten (Diogenes). UA Basel
Das Überleben der unsterblichen Mimi. Hörspiel (SWF)

1974

Die Forschungsreise. Ein Abenteuerroman (Diogenes)
Die schreckliche Verwirrung des Giuseppe Verdi. Hörspiel (SWF)
Der Bergsteiger. Hörspiel (BR)
Karl-Sczuka-Preis des Südwestfunks Baden-Baden für *Die schreckliche Verwirrung des Giuseppe Verdi*

1975

Schweizer Geschichten (Hallwag Verlag, Bern und Stuttgart)

Foto: Isolde Ohlbaum

1976

Die gelben Männer. Roman (Diogenes)
Fernsehabend. Hörspiel (SWF)
Die Ballade von den Hoffnungen der Väter. Hörspiel (WDR/HR/SFB)
Hörspielpreis der Kriegesblinden für *Fernsehabend*

1977

Vom Fenster meines Hauses aus. Prosa (Diogenes)
NEPAL. Stück in Basler Umgangssprache. Frankfurter Fassung von Karlheinz Braun (Diogenes). UA Frankfurt/Main

1978

Shakespeares Geschichten. Alle Stücke von William Shakespeare. Nacherzählt von Walter E. Richartz (Bd.I) und Urs Widmer (Bd. II) (Diogenes)
Hand und Fuß. Ein Buch (Moon Press, Den Haag)
Die Zwerge in der Stadt. Hörspiel für Kinder (SDR/HR)
Das Blasquartett oder 80 Fragen nach dem Glück. Hörspiel (SWF/HR/WDR)

Geburt der Tochter Juliana

1979

ZÜST ODER DIE AUFSCHNEIDER. Ein Traumspiel. Hochdeutsche und schweizerdeutsche Fassung (Verlag der Autoren, Frankfurt/Main)
STAN UND OLLIE IN DEUTSCHLAND. UA München Hörspiel (SWF/HR/NDR/BR)

1980

Das Urs-Widmer-Lesebuch. Hrsg. von Thomas Bodmer (Diogenes)

1981

Das enge Land. Roman (Diogenes)
ZÜST ODER DIE AUFSCHNEIDER. UA Frankfurt/Main
Die Zehen der Elfen. Hörspiel für Kinder (SDR)

1982

Liebesnacht. Erzählung (Diogenes)

1983

DR STAATSSTREICH. UA Zürich
Dr neu Noah. Hörspiel (DRS)
Manuskripte-Preis des Forum Stadtpark des Landes Steiermark

Urs Widmer mit Tochter
Foto: Inge Werth. Quelle: Schweizerisches Literaturarchiv, Bern

1984

Rückkehr in die Schweiz, lebt seither in Zürich

Die gestohlene Schöpfung. Ein Märchen (Diogenes)
DR NEU NOAH. UA Zürich
Indianersommer. Hörspiel (SWF)

1985

Indianersommer. Erzählung (Diogenes)
Preis der Schweizer Schillerstiftung

Foto: Mara Eggert

1986

NEPAL. DER NEUE NOAH. Zwei Stücke (Verlag der Autoren)
Der Besuch aus Kassel. Hörspiel (SWF/HR/DRS)
An die Freunde. Hörspiel (SWF/HR)

1987

Das Verschwinden der Chinesen im neuen Jahr (Diogenes)
ALLES KLAR. UA Zürich

1988

Auf auf, ihr Hirten! Die Kuh haut ab! Kolumnen. (Diogenes)
STAN UND OLLIE IN DEUTSCHLAND. ALLES KLAR. Zwei Stücke
(Verlag der Autoren)
Der tolle Tonmeister. Hörspiel (SWF/WDR/NDR)
Der Gott und das Mädchen. Hörspiel (SWF)

1989

Der Kongress der Paläolepidopterologen. Roman (Diogenes)
Basler Literaturpreis
Ehrengabe des Kantons Zürich

1990

Das Paradies des Vergessens. Erzählung (Diogenes)
DER SPRUNG IN DER SCHÜSSEL. UA München
Der Afrikaforscher. Hörspiel (SWF)
Bottoms Traum. Hörspiel (SWF)

1991

Die sechste Puppe im Bauch der fünften Puppe im Bauch der vierten Puppe und anderen Überlegungen zur Literatur. Grazer Poetikvorlesungen (Droschl Verlag, Graz)

FRÖLICHER – EIN FEST. UA Zürich
BOTTOMS TRAUM. Einakter. UA Berlin
Das gelöschte Band. Hörspiel (SWF)
Aller Anfang ist schwer. Hörspiel (SWF)
S Kind wo-n-i gsi bi. Hörspiel (DRS)

1992

DER SPRUNG IN DER SCHÜSSEL. FRÖLICHER – EIN FEST. Zwei Stücke. (Verlag der Autoren)
Der blaue Siphon. Erzählung (Diogenes)
JEANMAIRE. EIN STÜCK SCHWEIZ. UA Bern
Jeder Mensch ist auch Gott. Urs Widmer interviewt Gott (SWF)
Literaturpreis der Bestenliste des Südwestfunks

1993

Liebesbrief für Mary. Roman (Diogenes)
SOMMERNACHTSWUT – EIN THEATER. UA Graz

1994

Helmuts Brief. Hörspiel (SWF)
Die Frauen des Sultans. Hörspiel (SWF)

1995

Durst. Hörspiel (SWF)
In der Renaissance sagte kein Mensch ›Ich‹. Urs Widmer interviewt Francesco Petrarca (SWF)
Im Kongo. Hörspiel (SWF)
Aufnahme in die Deutsche Akademie für Sprache und Dichtung, Darmstadt

Foto: Cristina Zilioli

1996

Im Kongo. Roman (Diogenes)
Top Dogs. UA Zürich
Kunstpreis der Stadt Zürich

1997

Top Dogs. (Verlag der Autoren)
Der Pensionierte. Fragmente eines Kriminalromans von F. Dürrenmatt, als Hörspiel bearbeitet und mit einem Schluss versehen von Urs Widmer (SWF/MDR)
3-sat-Innovationspreis
Mühlheimer Dramatikerpreis
Autor des Jahres in der Zeitschrift *Theater heute*
Kunstpreis der Gemeinde Zollikon

1998

Vor uns die Sintflut. Geschichten (Diogenes)
Die schwarze Spinne. Sommernachtswut. Zwei Stücke (Verlag der Autoren)
Die schwarze Spinne. UA Zürich
Shit im Kopf. Hörspiel (DRS)
Heimito von Doderer-Preis

1999

Aufnahme in die Akademie der Künste Berlin-Brandenburg
Kulturpreis der Gemeinde Riehen

2000

Der Geliebte der Mutter. Roman (Diogenes)
Das Buch der Albträume. Illustrationen von Hannes Binder. (Sanssouci Verlag, Zürich und München)

Ehrengabe des Kantons Zürich
Werkbeitrag der Pro Helvetia

2001

BANKGEHEIMNISSE. UA Zürich
Albe. Träume. Hörspiel (DRS)
Bertolt-Brecht-Literaturpreis der Stadt Augsburg
Literaturpreis der Stadt Graz/Franz-Nabl-Preis

2002

Das Geld, die Arbeit, die Angst, das Glück. Kolumnen und Essays (Diogenes)
Der Gärtner. Kurz-Hörspiel (DRS)
Großer Literaturpreis der Bayerischen Akademie der Schönen Künste

2003

Die Forschungsreise. Elektronisches Tagebuch des Mainzer Stadtschreibers (ZDF)
Stadtschreiber-Literaturpreis des ZDF, 3sat und der Stadt Mainz

2004

Das Buch des Vaters. Roman (Diogenes)
Shakespeares Königsdramen. Nacherzählungen (Diogenes)
Preis der Schweizerischen Schillerstiftung

2005

Das Machthorn. Hörspiel (SWR)

2006

Ein Leben als Zwerg (Diogenes)

2007

Vom Leben, vom Tod und vom Übrigen auch dies und das. Frankfurter Vorlesungen zur Poetik (Diogenes)
Stiftungsgastdozentur Poetik an der Universität Frankfurt/Main
Friedrich Hölderlin-Preis der Stadt Bad Homburg
Prix littéraire Lipp (Genf)

2008

Valentin Lustigs Pilgerreise. Bericht eines Spaziergangs durch 33 seiner Gemälde. Mit Briefen des Malers an den Verfasser (Diogenes)

Urs Widmer im Atelier von H.C. Jenssen
Foto: Thomas Aigner. Quelle: Schweizerisches Literaturarchiv, Bern

Biografien der Beiträgerinnen und Beiträger

Karlheinz Braun, Dr. phil., geboren 1932 in Frankfurt/Main. Studium der Literaturwissenschaft und Philosophie in Frankfurt und Paris. Von 1959–1969 Leiter des Theaterverlags Suhrkamp, zugleich Sekretär der Deutschen Akademie der darstellenden Künste. Mitgründer und Geschäftsführer des Verlages der Autoren 1969–2003, von 1976–1979 Geschäftsführender Direktor von Schauspiel Frankfurt. Mitarbeit an zahlreichen Festivals (u.a documenta 5 in Kassel). Herausgeber von Anthologien und Theater-Materialien. Hesssicher Kulturpreis 1995.

Urs Bugmann, Dr. phil., 1951 in Cham geboren, studierte an der Universität Zürich Germanistik, Publizistik und Literaturkritik und promovierte bei Peter von Matt über Thomas Bernhards autobiographische Schriften. Arbeitete als Verlagslektor, Literatur-, Kunst- und Theaterkritiker und schreibt heute für die *Neue Luzerner Zeitung* über Literatur, Theater und bildende Kunst.

Katrin Eckert, 1963 in Hannover geboren, studierte Germanistik und Geschichte in Zürich und Berlin. Nach über 15 Jahren im Verlagswesen arbeitet sie heute im kulturpolitischen Bereich. Sie ist Herausgeberin von: *Binnenwelten. Stimmen aus der Schweiz* (1998); *Die schönsten Schweizer Liebesgedichte* (2004, zusammen mit Marianne Schiess); *Das Buch der Schweiz. Die klügsten Köpfe. Die besten Ideen* (2006, zusammen mit Franziska Schläpfer)

Lukas Holliger, Dramatiker, geboren 1971 in Basel. Seine Theaterstücke wurden in Werkstatt- und Urinszenierungen bisher am Thalia Theater Hamburg, Schauspielhaus Leipzig, Theater Bremen, Luzerner Theater, Theater St. Gallen, am jungen theater basel sowie am Heidelberger Stückemarkt gezeigt. Seit 1999 ist er Co-Leiter der Autorenwerkstatt am Theater Basel.

Christine Richard, geboren 1954, ist Literaturredaktorin der *Basler Zeitung*. Sie hat Politik, Geschichte und Germanistik studiert, war freie Mitarbeiterin bei diversen Zeitungen und ist seit 1988 Theaterkritikerin bei der *Basler Zeitung*; Jury Berliner Theatertreffen und Mülheimer Dramatikerpreis.

Peter Schweiger, 1939 in Wien geboren, ist Schauspieler und Regisseur. Nach der Direktion des Zürcher Theaters am Neumarkt (1983–1989) und der Arbeit als Drehbuchautor und Fernsehregisseur, war er 1993 bis 2004 Schauspieldirektor am Theater St. Gallen. Als Theaterleiter und Regisseur hat er sich intensiv der zeitgenössischen Schweizer Dramatik gewidmet. Er wurde 2001 mit dem Hans-Reinhart-Ring ausgezeichnet.

Beatrice von Matt-Albrecht, Dr. phil., Literaturkritikerin und Publizistin. Geboren 1936. Studien in Zürich, Paris und Cambridge. Bis 1995 Feuilletonredakteurin bei der *Neuen Zürcher Zeitung*. Bücher zu Literatur und Theater, zuletzt: *Abends um acht. Schweizer Autorinnen und Autoren in Berlin* (1998, zusammen mit M. Wirth). *Werner Düggelin. Porträt und Gespräche* (2006). Zahlreiche Preise und Ehrungen.